無敗営業「3つの質問」と「4つの力」

不败销售

销售王者的四种能力和三个问题

[日] 高桥浩一 著

中国青年出版社
CHINA YOUTH PRESS
中青文传媒

图书在版编目（CIP）数据

不败销售：销售王者的四种能力和三个问题 /
（日）高桥浩一著；道和日语译.
—北京：中国青年出版社，2020.9
ISBN 978-7-5153-6109-3
Ⅰ.①不… Ⅱ.①高… ②道… Ⅲ.①销售—方法 Ⅳ.①F713.3
中国版本图书馆CIP数据核字（2020）第125712号

不败销售：销售王者的四种能力和三个问题

作　　者：〔日〕高桥浩一
译　　者：道和日语
策划编辑：刘　吉
责任编辑：胡莉萍
文字编辑：陈　楠　张祎琳
美术编辑：张　艳
出　　版：中国青年出版社
发　　行：北京中青文文化传媒有限公司
电　　话：010-65511270/65516873
公司网址：www.cyb.com.cn
购书网址：zqwts.tmall.com
印　　刷：河北华商印刷有限公司
版　　次：2020年9月第1版
印　　次：2020年9月第1次印刷
开　　本：787×1092　1/16
字　　数：125千字
印　　张：13
京权图字：01-2020-1790
书　　号：ISBN 978-7-5153-6109-3
定　　价：49.90元

目录

前言　腼腆少年成为销售王者的契机

迄今为止，我已为多个上市企业的3万以上的销售员提供咨询服务和培训，并到处去做演讲。近300人的观众席位在几日之内就爆满，这一年我从早到晚奔走在全国各地，最让我欣慰的是收到来自各界成功人士的欣喜的反馈。

“培训的第二天，我就灵活运用学到的知识，并且拿到了目标提案！”

“做销售以来还是第一次被客户如此褒奖！”

“几百人的销售与去年相比销售额平均增长了25%！”

“在全国的销售公司里只有我们一家总是达不成目标，在7年后的今天终于完成了！”

直到现在我偶尔也会在公司的销售部进行提案展示。8年间在与其他公司的比赛中，我本人一直保持着不败战绩，与此同时，公司的销售菜鸟、零经验者一边接受我的“不败销售”的系统化培训，一边进行新的开拓，公司整体一直保持着80%的成交率。但是，这并不是在保证周末出勤率等高目标、强压力下达到的。

“销售能力是一种技术，任何人都可以掌握”，销售从业者拥有这样的信念，并进行具体的系统化训练，才能实现。

现在，我每年会进行近200场次的关于销售的演讲。其实，我从幼儿园到高中都极度怕生，与其说怕生，还不如说已经到了社交恐惧症的程度。如今我成了“销售王者”，并且帮助3万多的销售员实现业绩翻倍，就是因为在工作中，我体验到销售的乐趣以及成为专业销售员的喜悦。

小学一年级的场景直到现在仍然历历在目：

如果同学和我搭话，我的大脑就会一片空白，脸部发红，因此我的绰号是“小桃子”。我甚至不能正常地和邻座的女孩子聊天，因此经常被取笑。

如果忘带橡皮那就糟糕了，我会想如果我跟别人说“借给我一块橡皮”万一被拒绝了怎么办，就这样烦恼一整天。直到放学了，也没有说出“借我橡皮”这句话，只能将写错笔记的那一页折个边角，等到回家后再擦掉。

这样下去长大了该怎么办？到了青春期，我脑海里只有黑暗的未来，我想努力改变自己。即便用自己最不擅长的事情逼迫自己，只要能克服怕生这个弱点，所以我选择了人生的第一个工作：提成制的销售。

很多人都认为推销很辛苦，但是对于当时的我来说，只要能让我尽可能多地与人说话，那就是好工作。不管怎么说，我认为如果在学校和同学说话失态，第二天就不敢去学校了，这是一个大事情。但推销对我来说，要是失败了，不断更换推销地点就可以。

最开始尝试与人沟通，是希望可以减轻我多年来的烦恼。后来的工作，让我意识到“为了增加订单，去这样的地方比较好”“提案的时候要试着说这样的话”，等等，我越来越享受这个动脑筋的过程。

提成的制度是如果能获取店铺的许可，每张贴一张英语学校的海报，就能获得X元的报酬。我开始打起了如意算盘：“如果每小时贴3张，就和其他打工时薪一样……也就是说如果贴很多张……”不过，我转了一家又一家，都没有获得店铺的许可。

话说回来，贴海报这件事本身对店铺没有任何有利点。对他们来说销售员只会妨碍工作，很是麻烦，而且贴海报也不能增加他们的客户流量。英语学校的海报上大篇幅印有明星的照片，在转了很多家后，我碰到了一位店长，他说："我喜欢这个明星。"原来是这样，如果把明星放在前面，应该可以获得许可！于是，在去往下一家店时，我说："你好，请允许我在这里贴一张明星海报。"好几个店长都说："啊，这个明星没法贴在店里，不过我可以贴到家里，给我一张海报吧。"明星作战方式完败。

沮丧的我并没有找到可替代的方案，然后又开始了相同的推销。有一家店员是这样回复的："哦，海报呀，刚好我们这里的海报又旧又脏，给我们重新贴一张吧。"原来贴的不是我打工的英语学校的海报，而是其他学校的海报，这让我非常震惊。

之前我专断地以为，这些贴有其他英语学校海报的店铺已经与其公司签约成功，不在我的目标范围内。所以我就以张贴海报的数量来决定推销的优先顺序，最终选择了一家没有张贴任何海报的店铺。

然而，我意识到与其说"请允许我们贴上新海报"，不如说"能否把您的旧海报换成新的"，这样才更容易获得顾客的许可。把明星的照片放在前面却没有获得许可的店铺，究竟是哪里出了问题……当时我想到，可以将客户看不到任何有利点的商品与服务，通过在其他方面签署隐秘合约达成合作，但是，怎么找到客户呢？

于是，我改变了目标。我想，最应该先去的是之前没有优先考虑的"已贴有其他英语学校海报的店铺"。先确认海报是否变旧，如果是，就可以向店长提议："店长，您好，我看到这个海报旧了，可以的话，能否给您换张新的？"突然，我的成交率得到质的提升，因为我的目标和行动更加明确了。由于是提成制，所以我的打工费也逐渐提高了。

有了自信，我看到的世界也改变了。以往我觉得周围的人都是恐怖的存在，而如今在不知不觉间，与人交谈对于我已变成稀松平常的事情，原本因为怕生，我对任何事情都畏首畏尾，现在无论是学校的运动会还是学习方面的活动，我都会积极地参与。其结果是本来运动方面比较自卑的我，在运动会上受到了表彰，在残酷的考试中也取得了不错的成绩。得意忘形的我应聘了电话推销的兼职。

我们的制度是，为了让每位员工获取的预约数字更加明朗，把画有柱状统计图的贴纸贴在墙上，每天工作结束后填写自己的预约数字，这样每个人的成果和提升也就一目了然。我从早到晚一直在打电话，结果预约数字是0。正当我百思不得其解时，偶然间看了眼墙壁。以压倒性优势排在前面的有三人，他们的柱状图自豪地向上延伸，预约数字排第一的人刚好在那里，他用记号笔在图表上做了补充。

第二天早上，我找到那个第一名，坐在他旁边假装打电话，试着听他讲话。“原来是这样啊，这样做就可以获得预约吗？”午饭后，我暗中移动了位置，然后试着模仿第一名打电话。果然，我得到了预约。第三天，我决定去排名第二的旁边，同样假装打电话，一上午我都在旁边听他讲话。他与第一名的做法稍有不同，我将他俩的方法轮流试了一遍。我的预约数再次增加了。

第四天，我来到第三名的旁边做了同样的事情。我发现，虽然他们三个的方法有些许不同，但有一个共通点。比如这三个人在电话里都不会冗长地介绍服务，而是直截了当地介绍完特征后，便给出日程选项：“如果可以与您见面聊，您看周一和周二，哪天比较方便呢？”这点正是我所欠缺的，那天我在电话里热情地长篇大论介绍我们的服务，在客户想要挂掉电话的节点，也没有给客户任何候补日程，而是直接询问：“能否与您预约？您何时方便？”对于客户来说，接到连面都没见过的人的电话，根本听不进去对方介绍的服务，而且还询问客户的空闲日程，这更会增加对方的心理负担。我的做法让客户心理落差很大，拿不到预约也是当然。

能在学生时代有这样的体验，对于我是非常大的收获。

我在兼职时学到的经验整理如下：不了解销售，就很难了解客户的心理；要提高销售成果，可以有个性，可以不同，但不能让客户产生巨大的心理落差。认识到这种差异，想办法持续消除，这样，任何人都可取得成功。

在这里我要讲一下本书的主题，本书推荐给想当老板的销售员以及销售经理。此外，也希望在销售能力提升方面给自由职业者和自主经营人员一些启发。很多人认为自己不擅长做销售工作，还有一些人虽然按照某种方法在做，但苦于始终看不到成果，在这样的困境下我会给一些具体的建议。

市面上现有的销售书籍，大部分都是天才销售员在书中推荐自己的销售方法。但是，局限于个人的经验之谈，虽然故事本身比较有趣，可很难适用于读者本身。

本书与之前的销售类书籍不同，我们会从“销售与客户之间是否有分歧”“产生分歧的销售与未产生分歧的销售有哪些差异”这些角度来考虑。即使客户不满意也不会直接说出来，而让销售主动去发现是一件很困难的事。意识到这种分歧便是成功的第一步，如果还能提升自我改善系统，成果也会大幅度提高。

虽说销售有不同的风格和服务方法，但销售员与客户间的信息差是普遍存在的，而且是最根本的。“意识到分歧并消除它”，这种能力不仅在日常的销售活动中需要，在我们的日常工作和生活的各种场合中也需要，甚至可以成为强有力的武器。销售是一种可以学习的技能，只要准确掌握要点，任何人都可以做好。

我经常被赞赏“8年间，你在与其他公司的比赛中从没有输过，太厉害了”。事实上，我本身既没有精英销售员那样的灵气，也没有在短时间内把人逗笑的交谈能力，还经常被叫作动漫脸，甚至于平时说话太小声，导致妻子反复问“喂，我听不见你刚才说了什么，你再说一遍”。

那么，为何我比赛不会输呢？为了消除分歧，提高成果，我倾注了非比寻常的热情，不断地研究，反复地实践。对于曾经连与人说话都害怕的我来说，发现分歧就是彻底改变我人生的希望之光。

我确信，对于你们，学习并尝试书中的方法，一定会获得被客户青睐的喜悦和快乐。可能有人问："真的是任何人都能消除分歧吗？"这正是你们与我之间的分歧。

读完本书，我相信这个分歧肯定会被消除。

第一章

销售员与客户间的信息差

有八成胜算的销售员

曾经发生过这样一件事：

有一次我搬家，从报价网站上选了几家公司，最终拿到了三家公司的报价。因为有对比，用户们都会尽可能选便宜的，我也是如此。

周一早上，第一个搬家公司的人按照我们约定的时间与我见面。他拿着黑色的皮包，穿着整洁的西装，很有销售员的派头。“早上好！”在简单的问候之后，他就直接问了我一些问题，比如货物的数量有多少，什么时候搬，要搬到哪里……不到十分钟，就给了报价。

接着第二个搬家公司的人也来了，同样问了几个问题，我告诉他货物的数量、地点、日期后，他也很快给出了报价。对比金额后，我发现不同公司的价格设定不一样，第二家的价格非常便宜。我想，反正有报价汇总网站，等我拿到很多报价后，对比选一个便宜的就可以了。

午饭后，第三家的营业员A先生出现了。A先生和前面的两个人不同，他没有穿西装，而是穿着现场工作的服装。我以为他会像其他公司员工一样问货物数量、地点、日期，然后马上给出报价。然而，我们的见面从闲聊开始，我问他什么时候进的公司，最近这样的搬家业务是否很多。待气氛缓和之后，他提出的疑问却完全推翻了我的设想。

“我想问一下，敝公司是您联系的第几家？”

A先生的疑问与其他两家的角度完全不同。

“……贵公司是第三家。”

我没有想到自己竟然使用了在家中不常用的“贵公司”来回答。

然后A先生还问：“您已经从其他公司拿到了报价吗？”

“是的，其他公司已经给了报价。”

针对我的回答，A先生进一步提出疑问。

“您看过报价后，觉得怎么样？”

A先生虽然开始深入提问了，但给人的感觉并没有压迫感，而是一种非常自然舒适的提问方式，因此我也就如实回答了。

“不同的搬家公司，价格差异很大啊，刚才的公司很便宜。”

“是的，价格的确会有不同……对了，在这之后，还会有其他公司来吗？”

“不会，贵公司是最后一家。”

听到我的回答，A先生露出了一丝微笑。

我本想如果A先生和另外两家公司一样问货物的数量、位置、日期的话，我会通过对比价格来做最后的决定。

但是，接下来的问题超出了我的预想。

“能让我看一下您的屋子吗？”

另外两家公司没有这样问过，于是我回答：“没问题，请进。”

我和妻子两人带着A先生一起走进并参观了家里。

“这个房间是怎么使用的呢？”

“谁住在这里，生活怎么样呢？”

A先生问了这些问题，由此也产生了很多交谈的内容。

“老婆因为兴趣在做这个……”

“哦，这个兴趣很棒啊。”

“谢谢。”

不经意间，我发现妻子也加入了交谈中。之前两家公司的人来时，妻子只是在旁边观望我与他们的对话。

在厨房，A先生说了这番话：

“的确，碗柜是从夫人的母亲那里传下来的贵重物品，所以，为了确保万无一失，我们会用专门的瓦楞纸箱来搬运。”

谨慎考虑，装餐具专用的瓦楞纸箱应该是任何一家搬家公司都会有的东西。但是与其他公司不同的是，A先生专门把它提出来，而且与重要的餐具要慎重搬运联系到了一起。

不知不觉，你来我往的对话让妻子的心情也好了许多。

“您丈夫是做什么工作的呢？”A先生还向妻子询问了我的工作。

当听说我经常出差，工作很忙时，A先生说：“如果您丈夫这么忙，搬家后的整理工作还是不要成为负担比较好。”

的确如他所说，搬家后的整理工作能减轻一些就好了。因为，我本身就是一个很怕麻烦的人……

“如果您想轻松拆卸货物，我公司可以提供上门取回瓦楞纸箱的服务，在您指定的时间。”

这种取回服务任何一家搬家公司都会提供。但从之前的对话内容来看，只有这个销售员对我的家庭比较了解，带着这样的心情，我内心深处把他与另外两家进行了对比。

最开始的两家公司只是问了规范性的几个问题，就马上给了报价。确实也有便宜的公司，然而当我的脑海里输入“搬家事故”几个字后，浮现的只有委托便宜公司发出的后悔的声音。

而另一边，A先生了解了我们的情况，会慎重对待家里的重要物件。

如果因其他公司价格便宜引起事故和麻烦的话，那可真是讨厌……虽然还没有看到报价，但已经听到了自己推荐第三家A先生的心声。

果不其然，最后给出的报价比其他两家公司稍高了一些。

但是，我还是希望对方能细心地搬运我们家的贵重物品，因为工作繁忙，不想花费太多的功夫。想把搬家工作委托给了解我家情况的公司，因此很开心地把这项任务交给了A先生。

不过，毕竟此公司比另外两家价格高，我的心里涌出了对销售的兴趣，于是问道：“恕我冒昧地问一下，这不就是所谓的多家报价的比拼吗？您的营销很棒，虽然我想交给您，但您认为您的胜算有多少呢？”

A先生微笑着答道：“这个，我的胜算应该超过八成。”就像是十多家公司进行比较，在客户对价格严苛的业界中，用与其他公司相同的商品和服务（搬家工人、瓦楞纸箱和取回服务等）来竞争，而且报价比其他公司还高，胜算却是八成。

我在工作中经常听到这样的抱怨，“我们公司的商品没法与竞争对手差异化……”“客户最终还是用价格来做了决定啊。”可是，即便商品相同，价格还比其他公司高，也存在像A先生这样有八成胜算的销售员。

这究竟是怎么回事呢？

客户真的根据价格决定是否购买吗

“客户最终还是根据价格来决定是否购买的。”

苦于没法提高销售能力的销售员会这样告诉大家。

的确，从客户的立场考虑，尽可能用便宜的价格购买商品，是一种很自然的心理。

实际上，客户是根据什么决定是否购买的呢?

公司拿出一些预算，设计了一个包括24个问题的问卷调查，让309位有购买经验的人参与其中。调查结果会在本书的不同场景中介绍，我们调查的要点是：“从客户的视角是怎样看待销售的？”“在销售员看不见的地方，客户是如何在公司内部讨论的？”（见图1-1）

这里有个设问：“请选择你在确定成交公司时最重视的前三个因素。”

我们给选定的项目设定了第1位、第2位、第3位，但此表格的其他因素也需要注意。

与价格相关的有并排的两个项目，一个是“性价比的认同感”，这个分数特别高；另一个是“便宜的价格”，这个得分并不高。

这两个虽然都提到了价格，但其含义却不尽相同。

“性价比的认同感”是说与效果相比，价格是否得到认同。“便宜的价格”是与其他公司的报价做比较。“提案虽然被选入，但输在了价格上。”像这样的报告在销售组织中很常见，但实际上隐藏的是客户对性价比的严格把控。

然而，在客户说“价格有点贵啊”“这个价格老板很难认可”时，究竟是指性价比不高还是价格太高呢？目前并没有销售员去认真地确认这一点。

Q 你在选择成交公司时最重视的前三个因素是什么

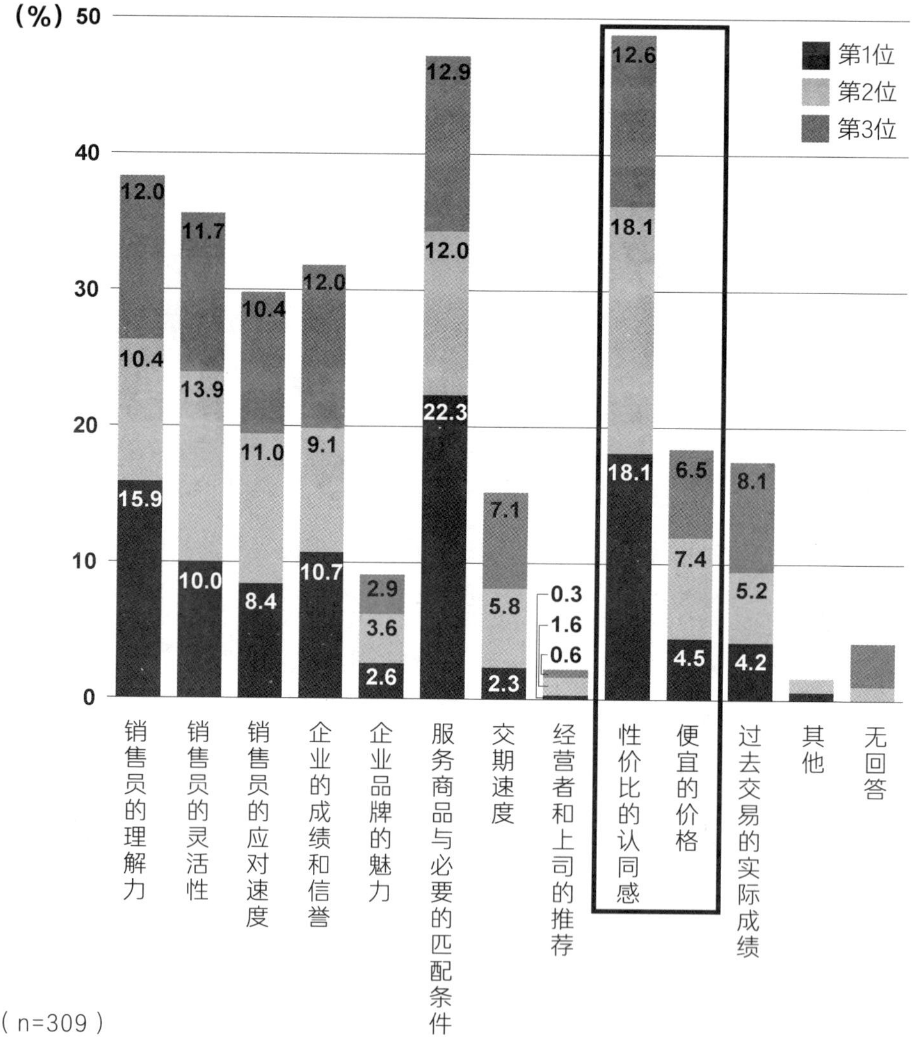

【图1-1】顾客用价格选择“性价比”

引用：使用明路模板的网上调查　2017年11月　TORIX调查

在销售培训中，我经常以“签约场景中客户对价格面露难色”为题材进行角色扮演，大多数销售员在听到客户说价格时，就会马上提出降价。

对方一说价格贵就条件反射似的马上降价，这样的销售员并不知道价格之外的战术，他们认为销售的成败是由价格来决定的。

同样是价格，但客户说的是“性价比的认同感”还是“与其他公司的报价对比”，这才是最大的问题。

价格太高背后的隐藏信息

“价格太高了”，是销售员经常听到的说辞，但是销售员很难确认客户说的是性价比还是与其他公司的价格对比。

因为客户对销售员说的也不一定是真话。

图1-2是关于已经接受提案但没有成交的原因调查结果。让人最感兴趣的是从下面两个角度提问，“客户是如何向销售员说明的？”“客户拒绝的真实理由是什么？”

结果可以看出客户的场面话理由与真心话理由之间的差别：

我们把不同的项目按从场面话到真心话的得分值，从左到右进行排列，越往左，场面话得分越高；越往右，真心话得分越高。也就是说，在左边的项目中，大部分客户虽然心里没这么想，却这么回答了；右边的项目中大部分虽然没这么说，但实际上是这么想的。

实际我们看一下，左边的是“其他公司的价格更便宜”“提案内容不符合必要条件”。这些就是许多客户并不这么想，只是暂时用“其他的更便宜”“这与我们想要的东西不同”这样的说辞来拒绝。

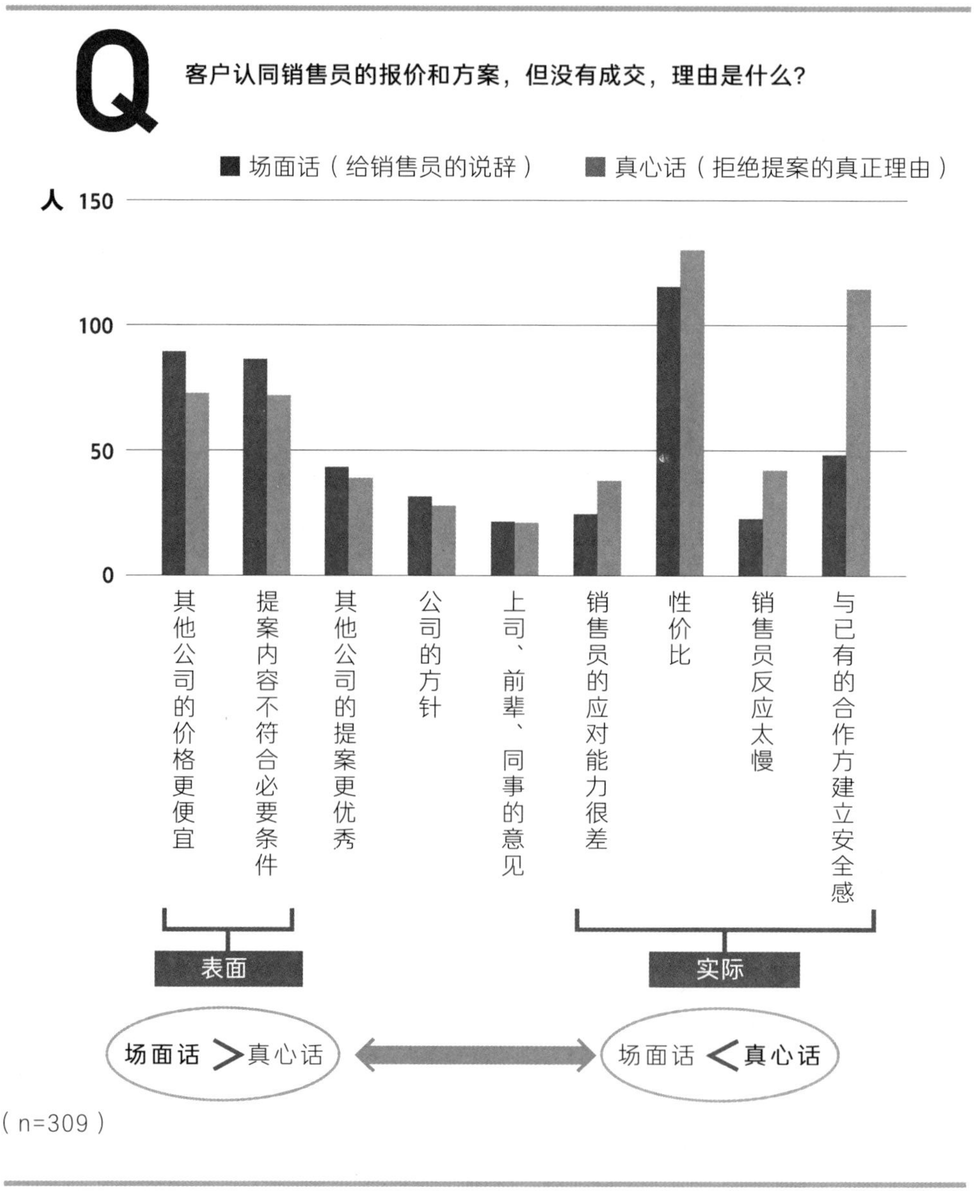

【图1-2】顾客的场面话和真心话

引用：使用明路模板的网上调查　2017年11月 TORIX调查

相反，表格右边是“怎么都说不出口的真心话”。

客户心里即使对负责人不满，也很难说出口。不过，这里需要特别注意的是“性价比”这一项的真心话得分超过了场面话。

实际上客户很重视性价比，却经常向销售员隐藏自己对性价比的不认可。可能客户认为向销售员表达自己的疑问比较麻烦吧。

如何捕捉客户的内心？业绩不佳的销售员正愁于无法跨越这个壁垒。希望你们可以听到真心话并构建信任关系，为了实现这个愿望，该如何去做呢？

六分之一的有效销售

客户信赖的销售员需要具备什么样的条件呢？

尤其是获得交往不深的客户的信赖，那些销售员大都是“水平能力较高者”。

实际上客户会在怎样的概率下碰到那样的销售员呢？我们做了一个指标调查。

我们让作为客户的采购负责人从“与不同销售员交谈后，想再次见面的概率”中选择，结果如图1-3所示。

调查中我们设置了“2%以下”“2%～5%”“5%～10%”“10%～30%”“30%～50%”“50%以上”这几个概率选项。将这些数值粗略作为期待值计算后，客户想要再见一次销售员的概率是1/6。

从客户的立场来考虑，“这个销售好棒！还想再见一次”这一项的概率是1/6，反过来说，5/6的销售员是被淘汰的，也就是说客户不会选择再与他们谈判。

实际上在我遇到的销售员中，通过电话、邮件等方式被认为“这个销售员可以信赖”的比例并没有那么高。

大多数公司都在指导大家“为了建立信赖关系，要增加访问客户的频率，要

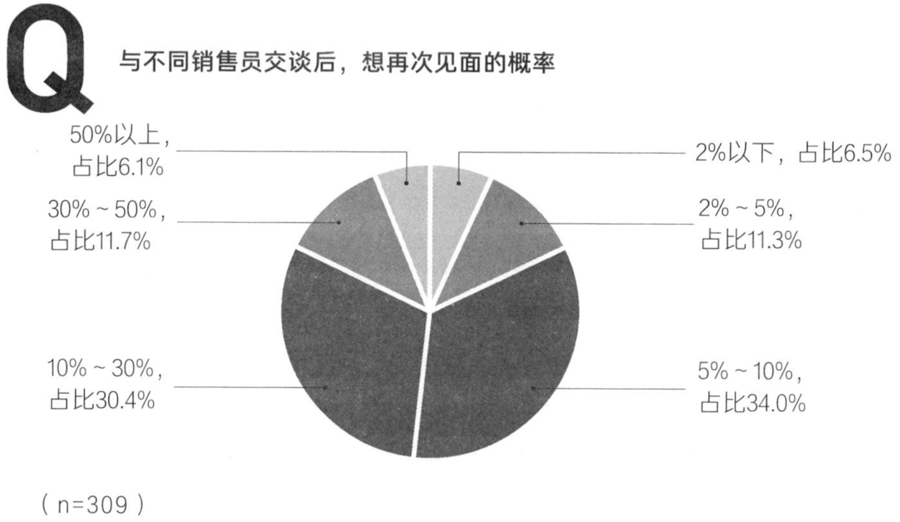

【图1-3】想与销售员再次见面的概率是1/6

引用：使用明路模板的网上调查　2017年11月　TORIX调查

勤于联络”。但是，即使增加了接触与联络频率，最重要的还是要做出值得信赖的行动。

那么，能够让客户想要再见一次，获得信赖的高水平能力者究竟有何不同呢？请看下图（图1-4）。

统计调查结果显示，回答最多的是占比32%的“理解力强、意旨明确”。应该注意的是，比起“提案力”“迅速”“诚实”等多个项目，客户对“理解力”要求明显更高。

另外，我们还从不同的角度尝试提问。“如果要更换新的合作方，请选择三件销售员必须做到的事。”（图1-5）

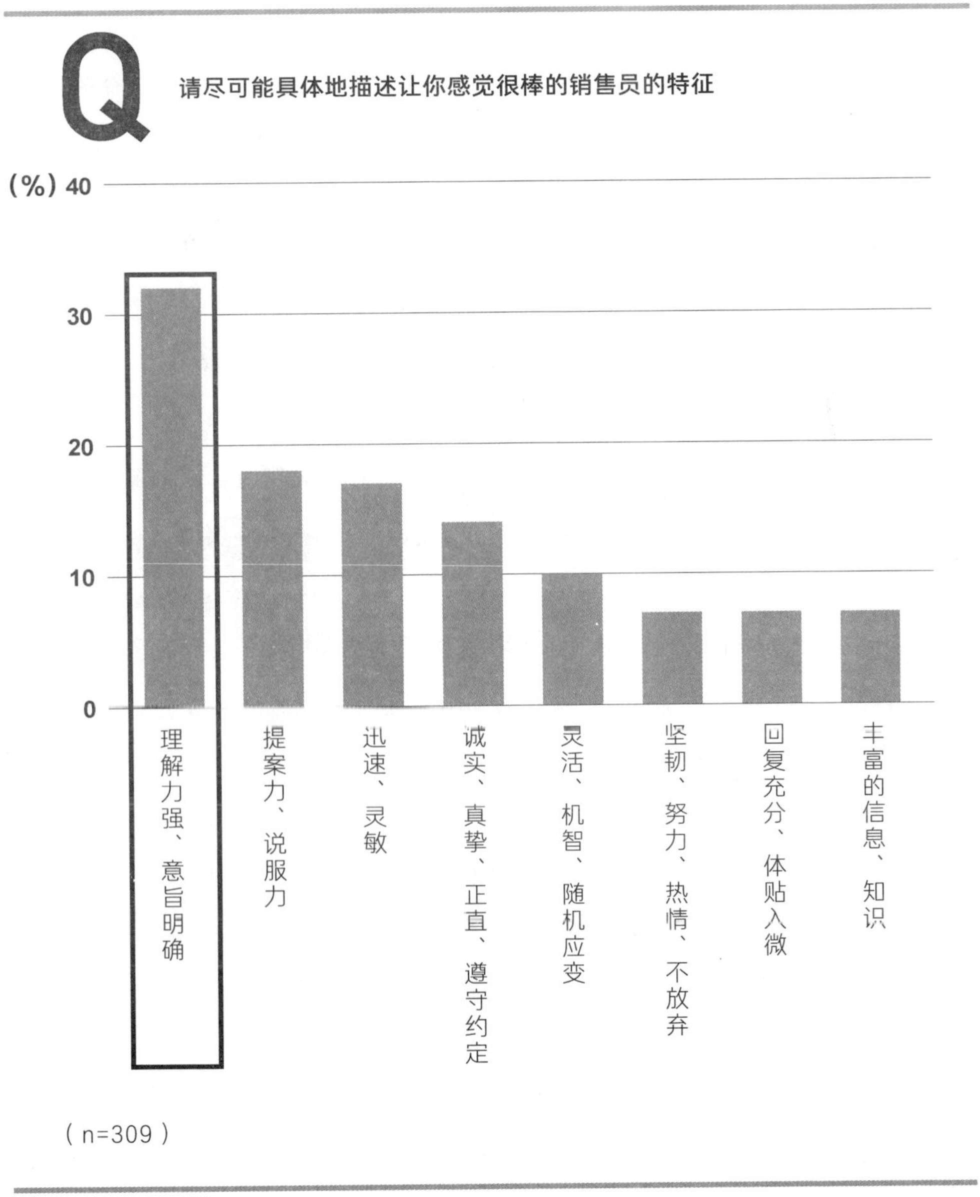

【图1-4】最棒的是“理解力强的”销售员

引用：使用明路模板的网上调查　2017年11月　TORIX调查

即使改变角度提问，大多数回答还是集中在“理解客户、有奉献精神”“不强制推销，方案符合必要条件”这两项。虽然大多数的客户寻求“无分歧销售”，但现实是“大多数销售与客户的需求是错位的”，所以对客户来说“能理解客户的需求”比任何东西都重要。

调查结果是很多客户想要委托给“无分歧销售”，大家想必会说“哎呀，这个道理，我们知道”“我们平时就是在理解客户的基础上进行销售的”。其实大多数销售组织都教新人“销售要站在客户的角度”“优先考虑客户的立场”。用这些标题教授人们销售技巧的书籍琳琅满目。

因此，接下来我们要考虑的是“为什么大多数销售（虽然并非本愿）与客户的期待有偏差？”比如，你们是否有这样的体验？当你去商店买西装和外套或者男士领带时，一边看一边选，手刚碰到某件衣服，就听到店员马上靠近说：“可以试穿哦！”无奈你只能说：“不用，谢谢。”然后慌忙离场……冷静下来想，很多人应该都会觉得“像刚才那样卖衣服，客户肯定会吓跑”，但实际上这样的待客方式并不少见，为什么呢？这是因为在把“卖家”和“买家”分开的那一瞬间就产生了非常大的信息差。

对商场的服务人员进行调查，发现在服务人员的新人培训中显示如果推荐试穿，客户的购买率会提升X%。这些数据，包含了主动推荐试穿。的确，不试穿客户与试穿客户的购买率是不同的，但这些数据并不包含从客户的角度分析是否愿意试穿。

对于卖家来说，公司的方针和目标等信息每天都会被反复传达。比如“本月集中销售这个商品”“无论如何本周内要达到X元销售业绩”等。比起客户的烦恼和问题，卖家更倾向于关注公司的业绩目标。

但是，买家客户并不知道与自己无关的商家的方针和目标。

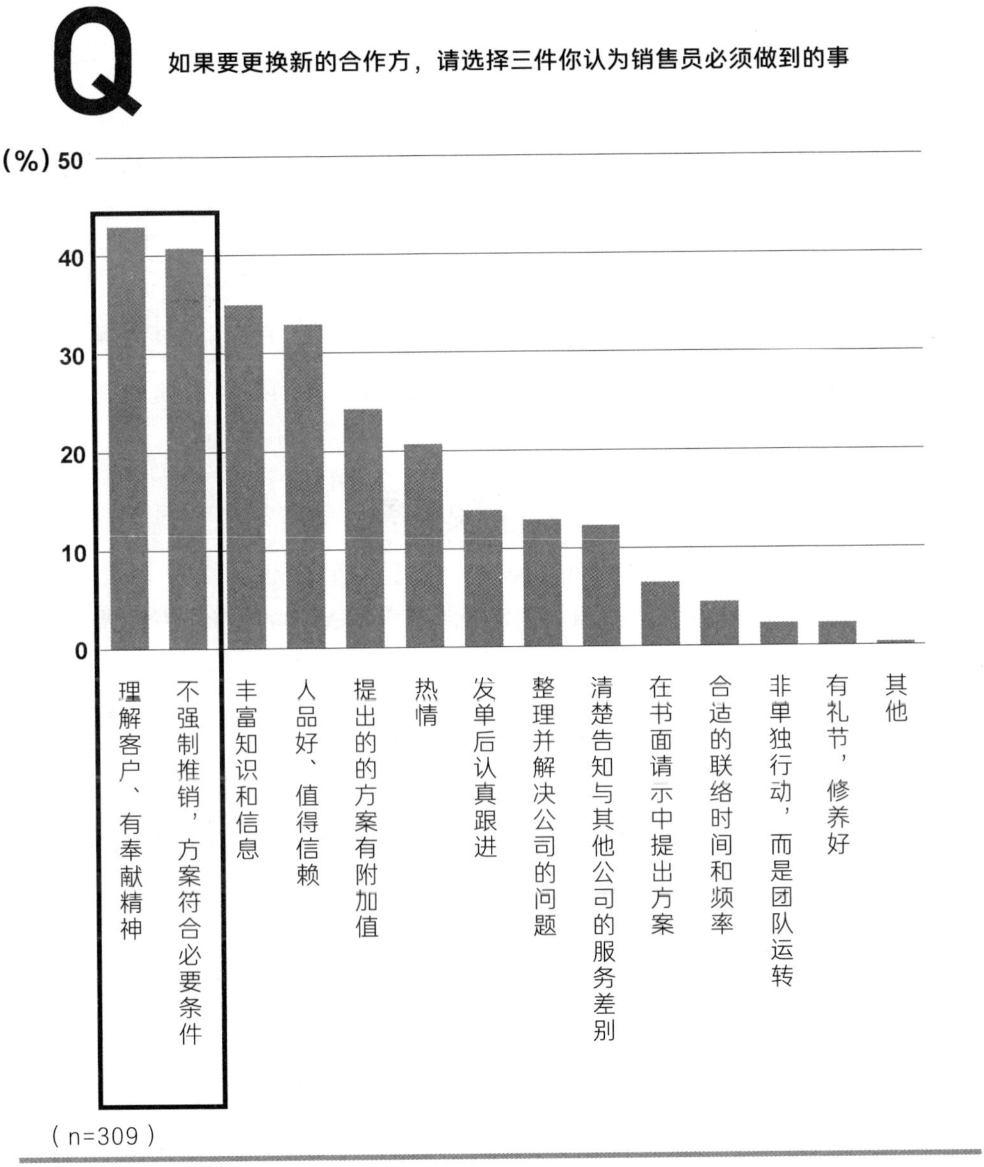

【图1-5】新委托“无分歧销售”

引用：使用明路模板的网上调查　2017年11月　TORIX调查

客户为什么要来买西装外套或者领带呢？可能是偶然路过，也可能是下个月要参加非常重要的仪式，又或许以前就看中在犹豫是否要买，在发工资的这一天想要购买。

这里应该清楚地认识到销售员对客户的背景信息不了解，只是大量接受公司的方针和目标等信息，于是就产生了极端的信息差。

要消除这个极端信息差，就有必要在与客户沟通的基础上了解需求。实际上，本章前面介绍的搬家公司的销售员A先生，在给出报价前，在家里踱步聊天正是为了消除信息差，结果就是，作为顾客的我很愉快地把任务委托给了他。

消除分歧，赢得客户

让我们从其他视角来看一下信息差，下面的图表是对200个销售经理做的调查结果（图1-6）。

处于前面的几项是“重要信息的深挖能力”“目标达成意识”“与客户建立联系的能力”。显然，销售经理已经强烈地意识到要达成目标，还要了解客户并加强联系。处于后面的几项是“PC技能”“基本礼仪”。的确如此，只要是积累了一些经验的员工，基本都拥有以上技能。这里可以看到“得体地回复客户的能力”位于倒数第三，所以从销售经理的角度来看，比起“得体地回复客户的能力”，还有很多需要注意的能力。

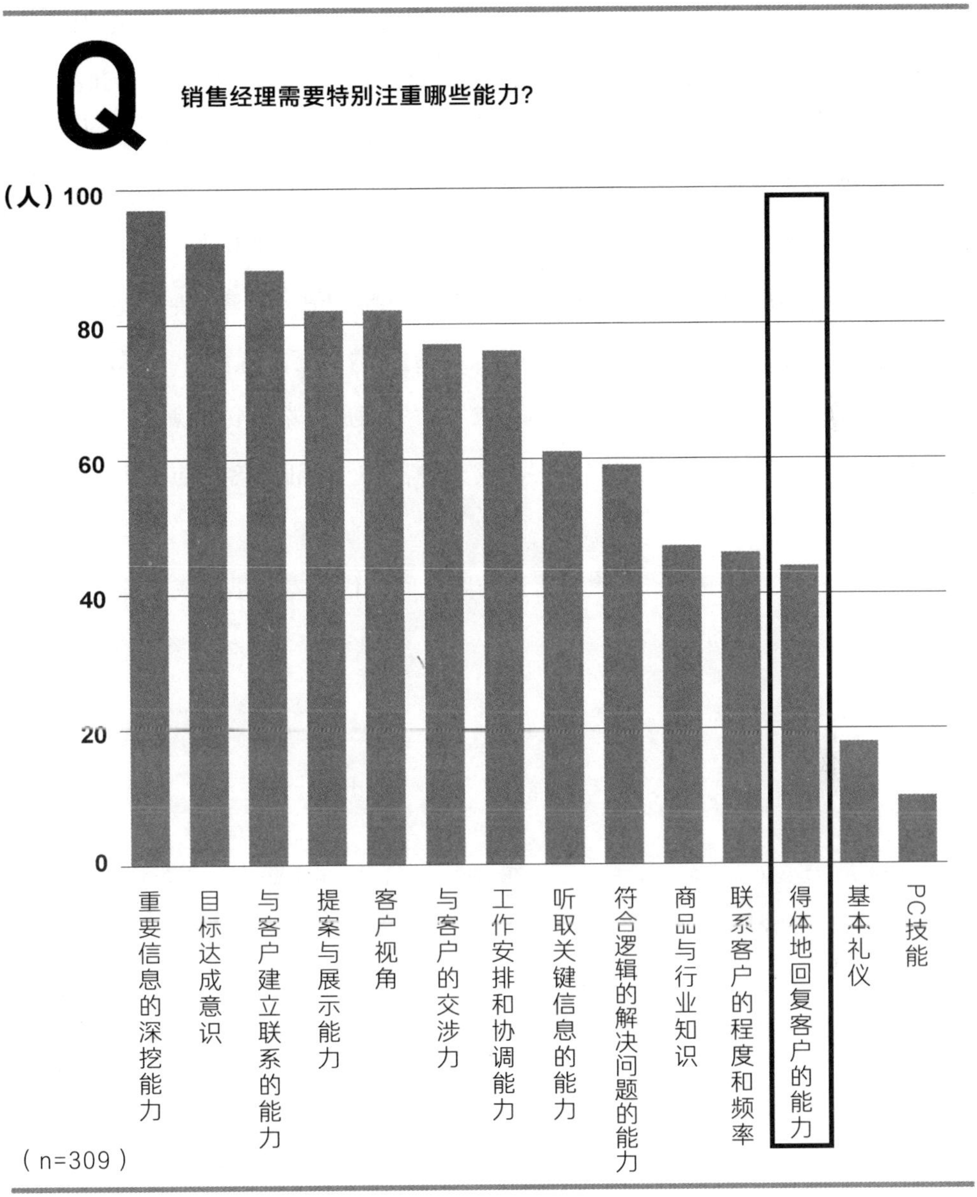

【图1-6】销售经理需特别注重信息深挖能力的培养

引用：Salesforce. com调查

下图（图1-7）是委托客户做的调查结果，“请选出让你不满的销售员的行为”。

回答最多的是“对你的疑问或要求回复太慢或搁置”，占比55.6%，排第二的是“答非所问”，占比41.5%。销售经理虽然强烈地意识到“提问能力”和“目标达成”方面的问题，但“给予回复”这方面还是容易轻视。

“高效回应”对于销售来说也就是“任务”，现在随着技术的改革，工作量越来越大，公司要求“尽可能不要花费过多时间在销售上”。但是，在不确定能卖出去的时候，销售员会优先把精力放在可能购买的客户身上，而忽略“高效回应”。

客户在销售员的“回应”（对要求的回复）方面最容易感到不满，原因是他们认为销售经理们倾向于去找那些更容易成交的客户，这正是客户与销售员之间的决定性分歧。

从下章开始我将解答“消除销售员与客户间的信息差，迅速成交需要怎样的能力”。

Q 请选出让你不满的销售员的行为

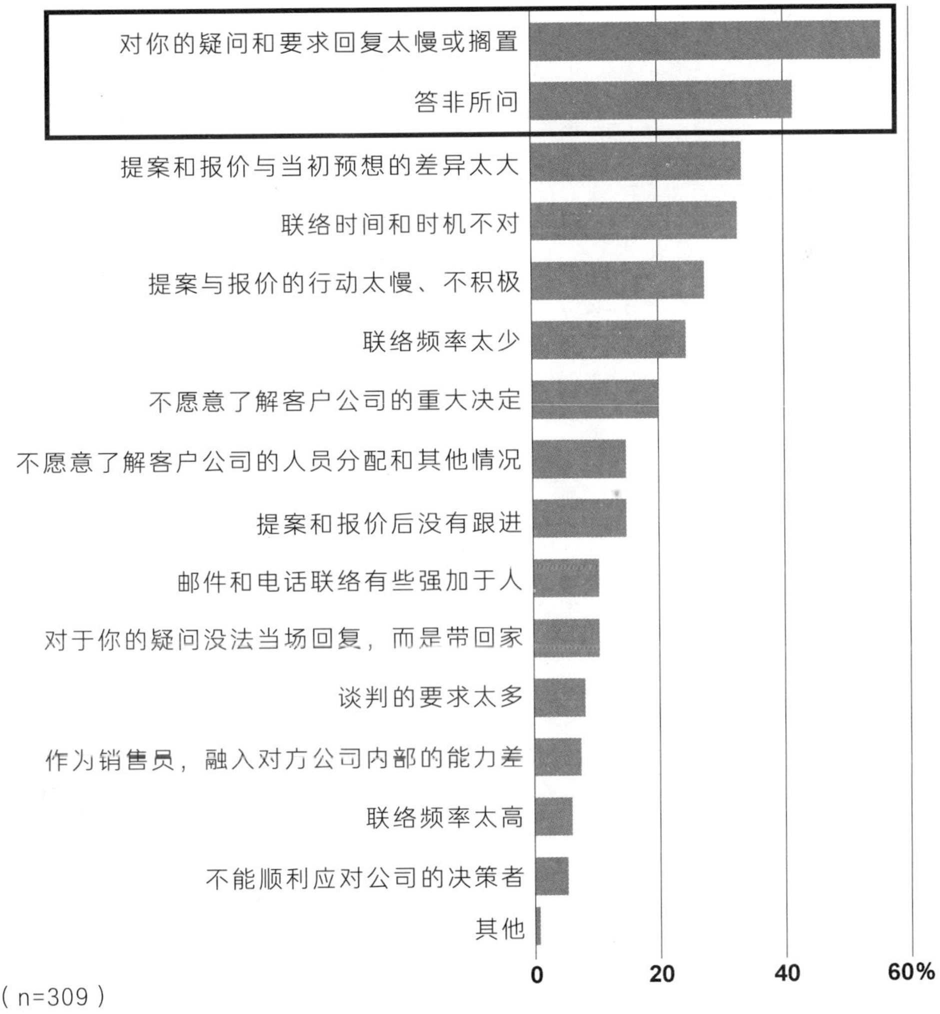

【图1-7】回复不得体是客户感觉不满的首要原因

引用：利用MACROMILL面板的网络调查　2017年11月　TORiX调查

第1章总结

- ☑ 作为客户的选定标准，比起“价格更便宜”，更重要的是“性价比的认同感”。
- ☑ 为了获得客户的信赖，销售员需要“理解客户”。
- ☑ 销售员与客户之间存在很大的信息差，这就是“分歧”，为了消除信息差，需要基于了解客户和获得信赖的沟通。

第二章

三个问题扭转均势局面

轻松、均势和惨败的业务

客户与销售员之间的信息差，为何如此难以消除呢?

在之前的问卷当中可以看到，销售经理想要更好地理解客户，需要拥有“挖掘关键信息的能力”。但可笑的是，客人最为不满的竟然是销售经理对于“回应”意识的不足。

为了解决这个问题，我们先把业务的难易度分成“轻松”“均势”和“惨败”三种类型（图2-1）。

“轻松”代表最容易的业务，可以轻松达成合作。比如，有种客户一直以来跟自己公司有来往，他们就像是自己公司的粉丝一样，不会把业务交给其他公司。与这类公司的商谈就可划为“轻松”。还有，为解决自身的烦恼和问题，客户已经确定了预算，正在考虑让哪家公司来接受这个业务；客户没有联络其他公司，很幸运地，最早选择与某家公司合作；客户没有长期合作伙伴，却能在不了解公司服务的情况下专注地聆听销售员的讲解等，都可以当作“轻松”的业务。

没什么经验的销售新人，面对这种轻松的业务，也能拿到订单。不过这种业务存在的概率很低，坦白说，这就是“幸运”的业务。

处于中间的是“均势”业务，不知鹿死谁手的竞争局面，互不相让的报价，

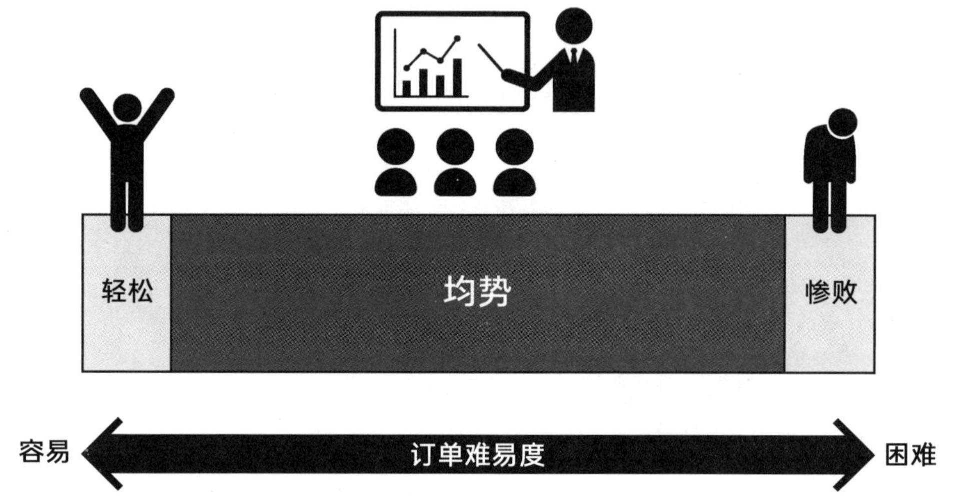

【图2-1】关键词“均势”

客户态度模棱两可，不明确是否愿意给订单，已经向其他公司询问，并得到长期以来的合作伙伴的建议，或者公司内部还未做实预算费用，很多细节问题也没考虑到，这些都可当作“均势”。

这类的均势业务非常考验销售员的能力，只有处理得当，才可以拿到订单。反之，得不到客户公司的认可，订单就会被别家公司夺走。

最右边的就是“惨败”业务了。这类业务属于高难度业务，销售员根本无法与别家公司竞争。竞争对手是客户一直以来的合作伙伴，对手公司派出的销售员也是能力极强的王牌人物，客户也不会对自家公司透露任何信息，这类情况的业务便称为“惨败”。

客户会对自己的长期合作伙伴抱有几乎百分之百的信任度，虽然有其他竞争对手，也不会轻易改变。如果另选其他公司，客户会产生巨大的心理和经济成本。每个销售员都不愿选择这种业务，在惨败业务里，竞争对手有着绝对的优势，就算能拿到提议的机会，最终变成相互报价里的“衬托”也是常见的。

在上述的三种情况当中，哪种可以强烈地影响订单成交率呢？肯定是均势业务，因为不管投入多大的精力，“轻松”和“惨败”的结果都不会有太大的变动。

战胜均势案例的能力决定销售力

现实中常常存在“销售战略就是为了轻松拿到订单，不让均势状况发生”的说法，这种说法存在着巨大的漏洞。这跟“回避均势不去竞争”“想办法在变成均势前，轻松获胜”相似又不一样。经常回避均势业务就像肌肉衰竭一般，个人的销售能力也会变得越来越鸡肋。

谁都不愿意长期奋战在艰苦区，但一直回避均势案例，可以做的就只剩下轻松案例。而轻松案例的数量有限，谁也不能无视市场中的竞争，竞争变得激烈，轻松案例就会转向均势区域。一味地接手轻松案例，战胜均势案例的能力会更弱，长此以往，销售能力也会越来越弱。

销售能力弱的组织“战胜均势案例的能力”也比较弱。比如，如果只利用已有客户的重复案例赚取销售额，不开拓新市场，就会习惯于这种状态，从而导致该组织的提案能力和订单获取能力的丧失。

前几天，我在某公司做了一个销售经理的培训。事先我从事务局得到一些信息：现在大家都在抢占市场份额，利润率下降，因此为了提升竞争力，希望做一个培训。培训的开始我说：“请大家一起来回顾一下最近失败的案例。”在场的销售经理们都露出了惊讶的表情。

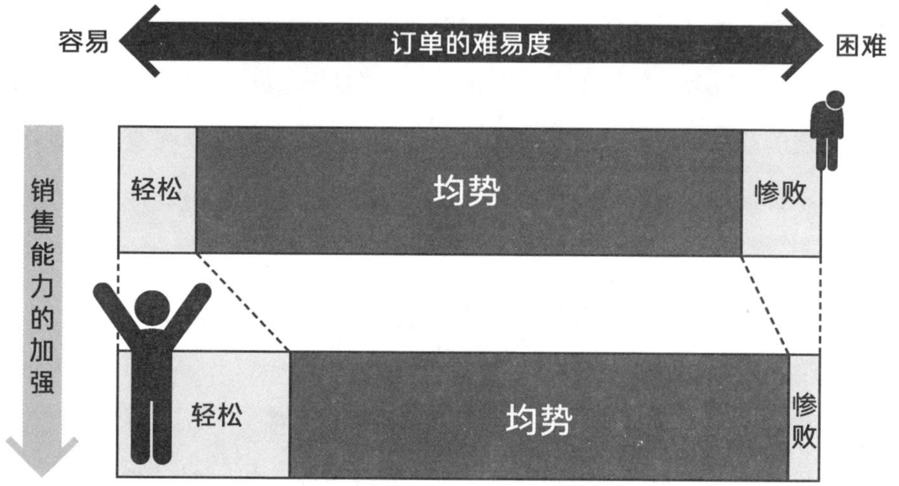

【图2-2】均势案例的重要性

过了一会儿，大家纷纷发出这样的声音：

“最近……没有失败啊。”

“是啊，没有失败呢。”

“我也是，想不出来有什么案例……”

大家都在逃避有竞争的均势战斗，一味地利用已有客户的轻松案例来提升销售额。如果这种状态持续下去，结果只能是轻松案例逐渐减少，业绩也随之下滑。

逃避均势案例的习惯一旦养成，所带来的问题不仅仅是让市场变窄，也会让销售员丧失业务能力。因为轻松区域的案例不需要销售员付出太多的努力，这样，销售员就慢慢丧失了解决与客户有着巨大的信息差的均势案例的能力。

在均势案例中，如果销售员可以消除与客户间的分歧，让客户感到“被理解”，那么销售能力提升的同时，成交率自然也会上升。曾经的均势案例能轻松战胜，惨败案例也会转化为均势案例，轻松案例的范围也会扩大。

为了避免误解，我再次重申，我并不是说“让大家集中目标只在均势案例上”，我想传达的是，一旦碰到均势案例，我们要有能力成功拿下，这样我们可轻松取胜的案例范围会扩大，利润也会提高。

在考验公司销售能力方面，“均势案例”有着非常重要的意义。公司分为“开发新客户的团队”和“维护已有客户的团队”，想要提高整个公司的销售能力，也要让已有客户的销售员承担打开新市场、签署新合同的任务。如果“维护已有客户的团队”只是围绕轻松案例开展工作，将来会有很大的风险。

有一个案例，一家公认的销售能力强的大型企业，在我的指导下，让每个人的积极性得到监督，销售额得到提升：我找到一些销售员，让他们对已有客户进行持续的拜访，没有特别的提案活动，销售额却得到大幅度的提升；我增加他们的目标任务，替换客户清单，把其他员工的好客户清单发给那些销售业绩差的员工，让他们早日脱离一直惨败的状态。如此一来，公司的员工都不会偏向轻松或惨败案例的任何一方，而是保持了平衡。最终，这个公司取得了非常好的业绩。

在与竞争对手的比拼中，他们用绝对的竞争优势和高水平，给客户提交了带有高附加值的销售提案，并从客户那里获取案例信息。

如果每次都能提前想到“一旦碰到均势案例时，有多大概率能拿下”，并积极尝试，也就能轻松战胜了。

均势案例的三种情况

这里深度挖掘一下均势案例，因为客户还在犹豫，所以不同的方案会影响订单成交与否。根据客户犹豫的程度，均势案例可大致分为三种情况（图2-3）。

本公司或其他公司

现在是否有必要做?

是否可以在单位内部解决?

【图2-3】均势就是“客户犹豫”的状态

第一种状况通常是在多家竞争和报价中，客户犹豫是选择“本公司或其他公司”，要想拿下这个均势案例，就得搞清楚“客户还有其他更好的商品和服务，为什么要选本公司”。我需要给出选择本公司的理由。

第二种状况是客户正在犹豫“现在是否有必要做”。对于客户来说现在有两个选择：是选择本公司的提案还是暂时搁置？特别是在我们提出独特的服务，而且是前所未有的崭新提案时，客户会决定再考虑一阵子。对于客户来说，当他们犹豫的时候，不做决断是最轻松的选择。为了避免这种状况我们就必须给出“明明可以拖延，为什么要现在做决定的理由”。

第三种状况是客户犹豫“是否可以在单位内部解决”。对于客户来说，可以选择不外发订单，自己内部解决，所以我们要给出“可以自己内部解决的情况下，采用我公司的提案的理由”。

避免认知失调

为了提升均势案例中的强大优势，不仅要掌握“客户为什么而犹豫”，还需要主动创造选择我公司的理由。对于均势案例中客户的犹豫心理，要从整体框架来考虑。

美国心理学家利昂·费斯廷格提出了著名的“认知失调理论”。人类有一种特质，那就是在多个信息间发生矛盾时，会将自己的判断合理化，用来减少或者消除矛盾（图2-4）。

拿减肥来说，当脑海中浮现“吃甜食对身体不好，所以还是忍忍”“但好想吃眼前的蛋糕”这样矛盾的想法时，认知就会失调和模糊。

人类不会任凭心烦的状态持续下去，需要找到协调的平衡点。减肥的平衡点是什么呢？正是大家所谓的“从明天开始减肥”，这样既有要减肥的意思，也可以在受到食物的诱惑时，暂时吃掉。决定明天开始减肥，还可以在短时间内消除愧疚的心理。但是，怎样都拒绝不了眼前诱惑的人，刚刚拿到很惨的健康诊断得分，会怎么办呢？如果不立刻节制，健康就会受到威胁，那么“即使有美食，也不会被诱惑”（图2-5）。

那么，关于销售中的“认知失调”，让我们从客户的立场具体分析一下。

处于均势状况的客户会因为“这个提案不错，想采纳”“但害怕下决定”而犹豫。

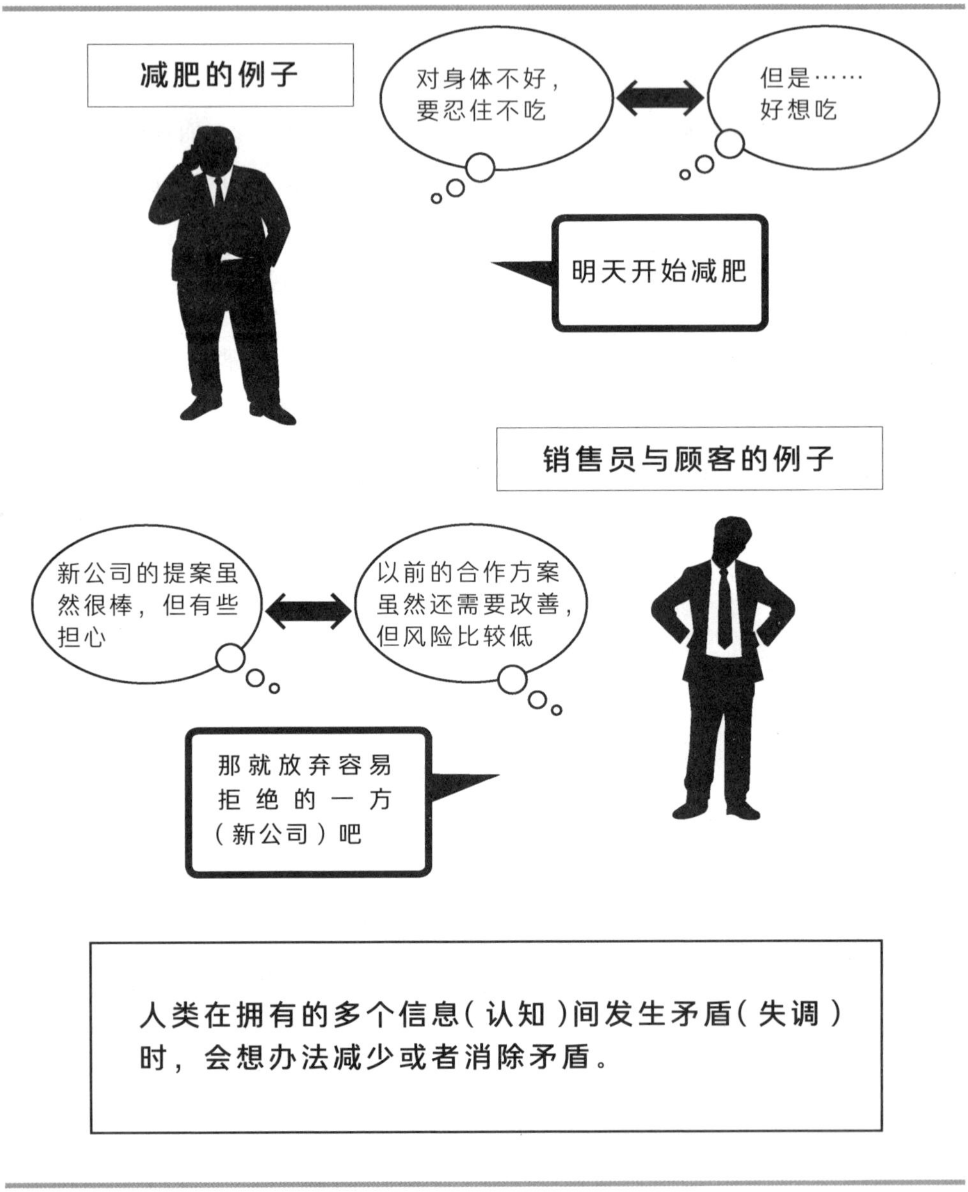

【图2-4】认知失调

* 心理学家利昂·费斯廷格的理论

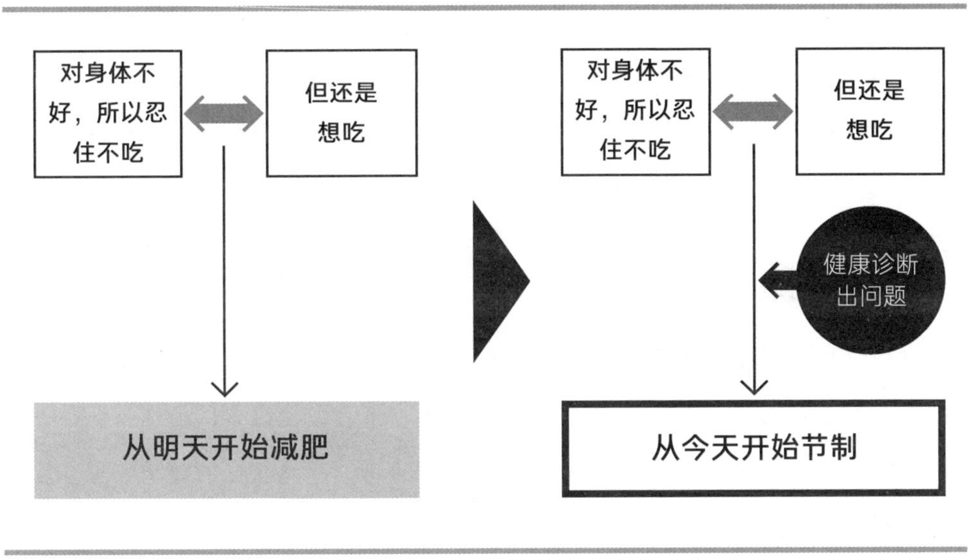

【图2-5】信息增加，结论改变

“嗯，到底选哪一家呢……”，陷入认知失调的客户会说“让我考虑一下再回复你”“公司内部需要讨论一下”，由此将判断向后延迟。

然而处于另一方的销售员希望客户马上做决定。

“我们会给贵公司提供优惠哦”，通过增加附加值信息来推动本打算往后拖延的客户。

客户会说：“既然已经这么便宜了，那就你们了。”

我在经营公司时也接待过很多销售，看过提案的报价后，我会沉默30秒，大部分的销售员都会说：“社长，我们可以便宜一些。”

有了这种降价经验后，作为客户方，就会对价格面露难色，从而让销售员提出降价。作为销售方，亲身体验了这样的交易后，就容易形成“只要对犹豫的客户提出降价，就可以让对方作决定”这样的思维模式，还会强化“客户最终是用价格作判断”这样的观点。

如果认为“客户最终是用价格作判断”，就没法增加战胜均势案例的武器。要在均势案例中变强，就得针对客户的认知失调，考虑“增加什么样的信息，可以让客户尽快作决定”，以此来提升取胜概率。

不可小看均势案例

提升均势案例的取胜概率并不是一朝一夕的事，可以做的是“不重复相同的失败”“不小看均势案例”。不管什么提案，客户都会拿出公司的习惯做法和上司的方针，比如“我公司重视过去的实际成绩”或者“这是领导的要求，没办法”，以此为理由拒绝。

“犹豫的客户在用容易拒绝和容易说出口的理由让自己合理化”。正因为以上事实，我们才会经常对销售员说“均势案例中为了不被客户拒绝，一定要坚持”。如果被客户认为“这个销售员被一些权宜之计拒绝后，就会放弃”，那么客户心里便会确定容易拒绝的理由。这样一来，你就会被置于备胎的位置。一旦落入这个位置，想要挽回就很困难了。

在与其他公司的提案比拼中，如果自己被客户拒绝了，那么需要从不同视角分析失败的原因，比如：“客户在面临多个选择时，拒绝比较轻松”“如果是这样，怎么样做才能让客户选自己公司呢？”要拿下均势案例，最重要的是有毅力地不断实践相关行动。

如今，我连续8年没有败绩，在这之前，我一直在均势案例中做到了彻底的坚持。在自己能力不足时，在客户已经说“可惜我们已经决定与其他公司合作”的时候，我每次都会回问一句“这已经是100%的决定了吗”，向对方确认能否允许我再次提出新的方案。

有人可能认为这是唯心论，事实上这并不只是心理问题。坚持跟进均势案例有三个好处：

第一，假设再次提案失败，客户对已经拿到订单的对手公司不太满意，马上就会和我公司联络。第二，如果再次提案还是不行，一部分客户会考虑委托给我其他的案例。第三，假如坚持跟进争取到了订单，工作做得也不错，客户会觉得“这样不抛弃不放弃的优秀品质的销售员”应该给予高度信任。从此之后就算有其他公司找他们，也会被拒绝掉。

在均势案例中的成功体验渐渐变多，之前不了解的客户状况和背景也会变得清晰明了，我们将关键信息传达给客户，这样就慢慢掌握了消除信息差的核心。之后的某个阶段，我们就可以体会到客户拒绝竞争对手的感受。

在均势案例中，需要销售员提供决策，促使客户做出选择自己的决定，如果能成功被客户选中，那么消除与客户之间的信息差的能力自然会提升。

那么，要怎样做才能提高均势案例的订单成交率呢？接下来就是我要介绍的“扭转均势局面的三个问题”。

扭转均势局面的三个问题

“扭转均势局面的三个问题”指的是“对均势状况的提问”“对决定场景的提问”和“对隐藏背景的提问”。

到目前为止，我已经与3万以上的销售员交谈过，那些感觉自己的能力无法提高的销售员，大多数都在还不清楚自己接手的是轻松案例、均势案例还是惨败案例时就开始战斗了。时间对任何人来说都是有限的，所以要确定应该倾力解决案例的优先性。

因此，提高对均势案例的敏感度很关键，也就是对均势状况的提问。

在均势案例中，比较重要的是，客户决定成交或者不成交后，向其确认是在哪个瞬间做决定的，这就是“对决定场景的提问”。

如果注意到均势案例的决定场景，就可以看到我们平常忽略的隐藏信息。这对今后改善自己的销售方式有很重要的提示作用。

关于决定场景，我们学习得越多，就越能养成察觉客户其他需求的习惯。

第三个是“对隐藏背景的提问”。

均势案例中，“销售员与客户的信息差”有很重要的意义。研究客户的背景和状况，有助于消除信息差，提升均势案例的作战水平。

接下来，我具体说一下“扭转均势局面的三个问题”。

其一：对均势状况的提问

“对均势状况的提问”是指为了掌握案例情况的提问。向客户提问均势状况的时机，从案例发生之后到公司提出提案后，有很多机会，但还是尽可能在早期阶段提问（图2-6）。

比如，客户在提出希望提交方案时就是案例发生之时。这时，我们可以这么问：“谢谢您给予我们提出提案的机会。我想顺便问一下，这次提交方案后，贵公司可以马上给答复吗？”或者，在自家公司提交方案后也可以追问一下：“贵公司是马上给答复还是要再探讨一下呢？”

原本的轻松案例，有时也会在不经意间变成均势。

那么，关于能否爽快决定这个疑问，如果回答YES，那么这个案例就很有可能是轻松案例或惨败案例。可能有人认为不会把轻松与惨败搞混，事实上就会发生这样的判断错误，本以为会发单给本公司的案例，实际却给了其他公司。所以为了以防万一，需要追问客户是否决定发单给本公司，以获取准确的回复。

如果没有回答YES，那就是均势案例。这时要问“是什么阻碍您做决定呢”。根据回答分为三种情况，所以不同情况制定相应的对策很重要。

- 因竞争对手而犹豫→当然除了竞争对手公司的提案，其他公司的提案状况和本公司的暂定顺序也要问。如果得不到这些信息，在这场均势战斗中就会处于劣势，这点需要花费些心思。
- 因是否搁置而犹豫→也就是“客户犹豫是否现在发单”。就算没有竞争对手，我们也要主动创造“客户现在发单给我们对他们有利”的接单逻辑。
- 因是否在内部解决而犹豫→“不知公司是否同意向外部发单……”如果客户这样回复，就是在和内部做比较，需要客户在公司内部达成统一。

均势案例中，我们要掌握客户犹豫的原因是竞争对手、暂时搁置还是内部解决，在听取BANTCH后，要再次确认自家公司的提案可以通过书面请示的条件。所谓的BANTCH，是指在销售现场无遗漏确认事项，是Budget（预算）、Authority（裁决者）、Needs（需求）、Timing（日程）、Competitor（竞争者）、Human Resources（客户方的人员体制）这些词语的首字母的简称。

提案的时候，一定要对BANTCH沟通好并且做记录，销售现场大多也会这样指导，但也有很多人抱怨“所有案例一个个都确认BANTCH，很麻烦”。所以，我建议对于BANTCH，“在均势案例中一定要问清楚，轻松和惨败案例中只要问最需要的项目就可以”。

开头部分介绍的搬家公司的销售员A先生，他的问题是“我公司是您找的第几家”“您看过其他公司的报价，感觉如何”。针对这些提问，他获得了如下信息，“客户在三家公司间比较，虽然拿到了前面两家公司的报价，但还没有决定。客户已经了解了价格便宜的公司，所以需要价格以外能与其他公司区别开的优势因素”。

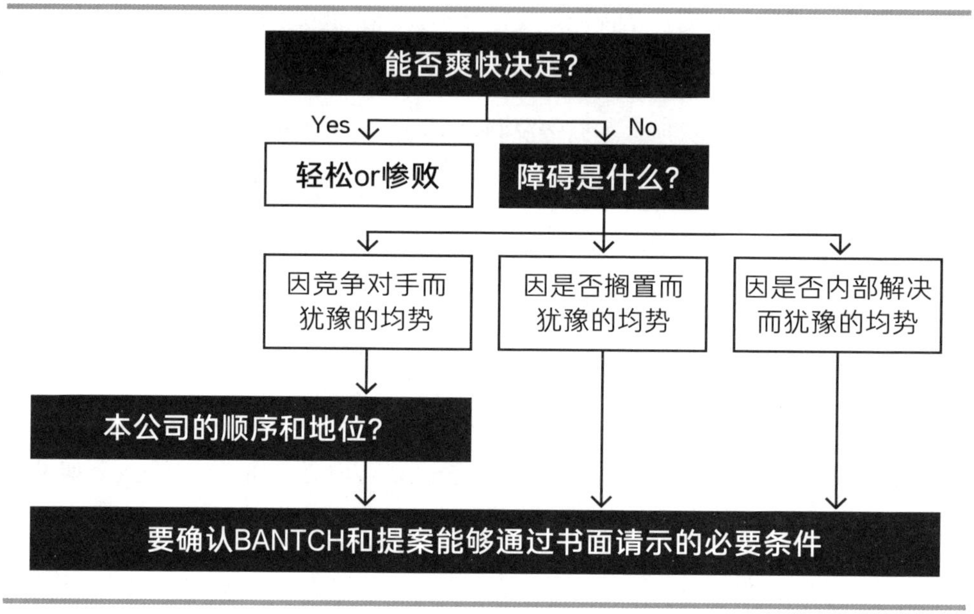

【图2-6】对均势状况的提问

提案时，能否掌握这样的信息会带来大为不同的结果。

我之前从零开始创建销售部门时，对数十位销售员进行过均势状况的彻底询问。在卫生间或者公司内擦肩而过，员工们都会向我做一个日常报告："高桥先生，辛苦了，那个案例目前排在第一位。"因为他们知道我一定会问，所以大家如果没有汇报清楚均势客户的状况，绝对不能回家。

如果能以部门为单位解决"对均势状况的提问"，整个团队都能提高对均势案例的敏感度，团队也将变得非常强大。

其二：对决定场景的提问

确定了均势状况，就要分清解决案例的主次，明确哪些行动是有利于案例成交的。接下来就要确定自己所做的是否适合案例成交所需要的，均势案例是既定的，但如果自己的行为有偏差，也将会本利全无。

在案例确定后的短时间内，趁印象深刻，向客户验证关于均势战中起决定作用的因素，审核自己的行为是否合适。在均势战结束后马上验证，经历多次均势战，以后的行为就很难再发生偏差。

但是，第一章中我们谈了客户的话分为场面话和真心话。所以提问决定因素，客户也不一定会真实回答。因此，均势战中的决定因素要以事实为基础向客户询问，这就是扭转均势局面的三个问题中的第二个问题“对决定场景的提问”。

订单成交和失败时，很多人会问“为什么选择我公司？”“为什么没有选择我公司？”很多客户也只会说“因为你们的方案好”“因为离你们公司近”等这样模棱两可的回答。我的建议是进行有关事实的提问：“在均势战中哪个瞬间让您决定成交订单（或者取消订单）？”这就是“对决定场景的提问”。

客户中途会因为其他的选择而犹豫，所以均势案例的决定肯定是客户心动的瞬间。

询问客户决定成交订单或取消订单的理由很重要，但不能止步于此，还应该问决定场景“是在哪个瞬间，您决定选择发单给我公司”“在哪个场景您心动了”。应该多积累这样的信息（图2-7）。

只询问“理由”，就容易得到客户的主观回答（或者场面话）。但如果询问“情景”，就可以获得客户对客观事实的回复，这里用一个我拿到的订单的案例来说明。

当我们问“您一定在中途犹豫过，那么哪一瞬间让您决定选择我公司呢”，如果客户回复“是在贵公司方案展示后不久”，这说明展示内容里有重要的闪光点。那么，接下来一定要追问“在我的展示中，是什么内容吸引您呢”。这样问过后，自己在今后做其他展示时，就可以改变强调重点。

“贵公司展示后不久” ▶	自家公司的展示内容
其他公司展示后不久 ▶	竞争对手踩到了客户禁区
上司的命令 ▶	上司的评价要点
会议讨论后 ▶	相关人员的意见
仔细看过资料后 ▶	资料的记载内容

【图2-7】对决定场景的提问：“您在哪个瞬间做的决定？”

实际在问决定场景时，也会有很多回复说并不是“在自家公司展示后很快就做决定”的，比如还有客户回答“在其他公司展示后不久”。从客户角度看，这是排除法。竞争对手不小心踩到了客户禁区，我们要为了避免踩到这样的禁区而做出努力，这是很宝贵的经验。

当客户回答“上司的命令决定的”，此时我们需要向客户验证“怎样顺利掌握上司的决定要点”。今后这个客户再次提案时，这个信息点就很重要。如果客户回答“这是会议讨论决定的”，那么“都是哪些人参加了会议”就是关键点。如果事先没有详细掌握参会人员的信息，下次一定要做到充分了解。如果客户回答“这是我（负责人）仔细对比贵公司的资料后决定的”，那么就需要确认细节“是那些信息引起您的注意呢”。像这样，“决定场景”就比“理由”更能收集到重要信息。

以前参加研讨会的客户中，有一位调味料制造公司的销售员B先生。这是一家江户时代开业的老字号。B先生在研讨会中学会了“对决定场景的提问”，在销售现场实践后，向我做了个报告。

最近了解到，客户做决定的瞬间是听到他在展示中说“会将容器的大小细分后提交货物”。B先生很是吃惊，因为其公司的最强卖点在于公司的历史和传统，他一直认为在展示时强调“本公司是从江户时代延续下来的老字号……”，就肯定会获取信任。

在B先生问过决定场景后，又继续追问客户：“您为什么觉得将容器细分是很难得的呢？”结果客户的满意度也提升了。

积累有关决定场景的信息，能够对“销售该如何开展”产生提示作用，而且这样的信息在公司共享之后，整个部门“与客户的分歧”也会变小。

均势案例的决定场景

如果不了解决定场景就战斗，客户说“有点贵”“这个价格的话不好向公司说明……”你就会认为决定因素是“价格便宜”，只会依赖降价。确认了客户的决定场景，实际上有的案子在报价之前就可以决定了。对比提交报价前后的行为，就会明白“实际不用降低价格也可以拿到订单”。

客户做决定的瞬间不仅限于看到报价金额的时刻，还有更多不同的场合。如果详细询问客户“是在哪个瞬间决定的”，让客户尽可能早地做决定，那么销售活动中就会减少原本不需要的工作。

这里我建议不要个人去积累有关决定场景的信息，最好是以部门为单位。因为以部门为单位学习的话，从中可学到的信息的质和量会都会翻倍。

那么，要掌握“何时决定”这样的信息，且灵活运用在部门中，需要怎么做呢？

比如在销售会议现场加入“回顾”这个环节，活用销售支援系统（SFA Sales Force Automation）就是个很有效的方法。

图2-8是在销售会议中回顾决定案例时的印象图。全部回顾会不现实，一次销售会议选三个就足够了。我建议“要因范畴”，不管是成交订单还是失败订单，设定几种模式。然后一边用投影仪展示，一边将“详细内容”和“今后的行动”在团队中进行确认。

将回顾结果进行这样的整理，对于团队里的每个人都是可积累和活用的宝贵知识。

前几天C公司刚好做了这样的“回顾会议”，他们在会议现场发现了一个事实，那就是“在满足客户的降价要求后，虽然接到了订单，但之后的提案胜算率却很低。拒绝客户的降价要求后，虽然暂时会失去订单，但再次提交的挑战方案成交率和利润都很高”。

C公司虽然提出了比其他竞争公司价格高的方案，但“通过此事实让全体人员明确了针对客户降价要求的应对方针”。这不是一个销售员的回顾，而是以部门为单位的回顾，是可以从中学习到宝贵经验的好例子。

通过“均势状况”和“决定场景”提升信息搜集力

通过“对均势状况的提问”确定均势案例，通过“对决定场景的提问”，看清楚均势案例中的决定因素。熟练使用这两个提问，理解客户最终根据什么来决定成交订单，注意与客户的信息差并消除它，成交订单。

提升捕捉信息差的敏感度，挖掘客户隐藏的背景信息。比如，正在接受其他公司商品和服务的客户在销售员面前抱怨：“现在我们虽然在接受其他公司的服务，但还是有很多想法……”很多销售员这时不会仔细深挖这句话背后的含义，而是

	案例	结果	要因范畴	详细内容	今后的行动
佐藤	B公司 ***案例	失去 订单	没有书面 请示支援	访问时介绍同行业事例 →负责人热情 →制作提案书，负责人OK →报价提示，等待公司内部讨论 →没有拿到预算（上司其实是否决的）	•在提交报价前，确认书面顺序和会议日程 •案例在本周进行全员检查
山田	A公司 ***案例	成交 订单	不满竞争 对手	听到客户对竞争对手Y不满意 →传达本公司的成功事例 →委托提交方案（和Y公司比赛） →和客户一起制作书面请示书 →没有进行价格竞争，成交订单	和经理一同听取客户讨论的详细内容 →下次共享

【图2-8】从均势案例的决定场景中一起学习的销售会议

马上说："这样的话，我公司的服务……"直接进入自己的销售谈话。

然而，高水平的销售员会针对客户的"很多想法"进行更为详细的询问。在准确的时间和适当的机会，将自己的问题抛出。对于客户的烦恼，不立刻进行提案，而是深入提问"这是怎么回事呢""为什么""之前他们是怎么应对的"，就能够深刻理解客户的困惑和问题。能在恰当的时候抛出这样深入思考的问题，正是因为对"均势案例的决胜点"的敏感度提高的表现。

虽说是这样，客户也有真心话和场面话，所以要听到真实的想法其实很难。

那么接下来就要探究“实际是怎么回事”“背后隐藏着什么信息”，在此基础上再乘胜追击，这就是扭转均势局面的三个问题中的第三个：“对隐藏背景的提问”。

其三：对隐藏背景的提问

之前介绍的“对均势案例状况的提问”“对决定场景的提问”某种程度上是由使用状况和场景决定的。“对均势案例状况的提问”是在案例发生以后、商谈结束时提出的问题。“对决定场景的提问”是在案例结束后不久、倾听客户时提出的问题。

“对隐藏背景的提问”，如果是与客户的对话，在任何时候都可以使用。要进行这样的提问，用“开场白”“深挖”“特定”这样的方法会更有效（图2-9）。

均势案例中，为了消除与客户的信息差，我们想要不断了解未知的客户信息。如果是与客户关系比较好的轻松案例，可以无障碍询问。均势案例中因为和客户的关系还没有建立起来，所以我的建议是，通过简单的一两句话提问，这就是“开场白”。

● “假设跳过XXX点……”（前提变更）

有时候因为一些限制条件和前提，没法问出重要的信息。比如，虽然自己公司的提案比其他公司价格高了许多，但品质上很有自信。即便这样，品质方面还是没法得知客户的意见和想法。这个时候，就可以试着问：“假如没有预算这个限制，您对我公司的提案有什么建议呢？”这样就得到了客户的真实想法。

● “个人意见也没关系……”（减少回答的风险）

公司员工的“个人评价如果被当作公司的意见的话，就会产生麻烦”，因此客户会控制自己的话语。这种情况下，销售只要说一句“个人意见也没关系”，就会降低对方的回答难度。

开场白

- “假设跳过XXX点……”
- “个人意见也没关系……”
- “希望能对贵公司愿景的实现有所帮助，我想问一下……”

深挖信息

- “您说的是？”
- “具体是什么样呢？”
- “这是为什么呢？”
- “还有其他的吗？”

特定提问

- “贵公司最近1个月讨论的都是哪些问题呢？”
- “对于贵公司来说，A和B哪个问题更重要一些呢？”

【图 2-9】对隐藏背景的提问

● “希望能对贵公司愿景的实现有所帮助，我想问一下……”（传达意图）

在问一些微妙的事情时，为了不让客户质疑为什么要问这个，需要我们提前传达问题的意图，这样，有利于客户更加具体地回复。

顺利切入开场白，就能够得到详细的客户的背景信息。比如：“客户要实现的目标和需要做的事”“哪些未解决的客户的烦恼”“有关竞争对手和公司内部的信息”等。

这些都是与均势案例的决定性因素相关的信息。此时，“深度提问”可以出场了。可以用“您说的是”“具体是什么样呢”“这是为什么呢”“还有其他吗”这样的语言进一步引发对方说话。

有时候，对于客户来说，即使我们问了还不确定的信息，他们也没法马上回复。此时就需要我们以“这不就是我们还不了解的客户情况和背景吗”的态度坚持深挖。在交流的过程中，客户也经常在头脑中进行整理。在进行深度提问时，如果笼统地问“贵公司的问题是什么”，多数情况都得不到顺利的回复。

此时就该“特定提问”出场了。“贵公司最近1个月讨论哪些问题呢？”“对于贵公司来说，A和B哪个问题更重要一些？”像这样加上特定的观点和选项来问更容易得到答案。模糊提问只会得到概括性的回答，进行特定的提问，可以获得我们需要的详细信息。

在询问隐藏的背景信息时，灵活运用“开场白”“深度提问”“特定提问”，就能清楚地了解客户的背景，进而消除销售员与客户间的信息差。

不设限，大胆问

以前，我和一位从某知名销售企业跳槽来的D先生交谈，我饶有兴趣地问他以前的公司是怎么做培训的。他说：“目前为止我印象最深的是刚进公司后不久的培训。”开始的时候与前辈一同去拜访客户，不久后需要独立访问，在独立访问的日子逼近时，D先生被前辈告知“今天可以问到客户生气”。

这个公司基本上都是刚毕业的学生，所以根据进公司的时间分的上下级关系比较严格，前辈的命令就是“绝对”。前辈说的“可以问到客户生气”基本上就相当于命令他“要问到客户生气”。

D先生平时都是适当地提问，在差不多的时候停下来。因为他担心如果过度提问会恶化与客户的关系。但是，前辈却让他“问到客户生气”，D先生很是吃惊，他还是深入地问了很多，结果清楚地了解到以前不知道的“隐藏背景”。结束后，前辈问：“怎么样？”D先生回答说：“奇怪了，不管我怎么问，客户都没有生气啊。”

大多数人过于在意“如果再问下去，会得罪客户，关系会恶化”，因此在客户发怒之前很早就停止了提问。但很多高水平的销售员在战斗时，知道距离“再问下去会得罪客户”这条真正的边界线还有很远，因此深度提问的水平和普通销售有很大不同，从客户那里获得的信息也有很大差异。D先生的公司认识到了这个事实，决定在内部对员工进行此类的培训。

那些善于销售的公司都会在培训新人时，让他们体验并意识到自己“太早就停止了提问”这一事实。经验少的销售员总会担心：如果这样提问，客户会不会生气？于是就畏首畏尾。确实，重复的、失礼的、以自我为中心的问题，会让客户不开心。

如果没有做到深度倾听，就没法超越客户与销售员之间信息差这道壁垒，销售就会走偏。

现在我已经讲完了“对均势状况的提问”“对决定场景的提问”“对隐藏背景的提问”这三个问题，这里我再来总结一下。

定位三个问题

前面的两个提问“对均势状况的提问”（+BANTCH的确认），“对决定场景的提问”，是在特定场景中要问的重要信息（图2-10）。案例发生的时刻，对均势状况的确认也就开始了，直到最终结果确定，需要不断确认均势状况。

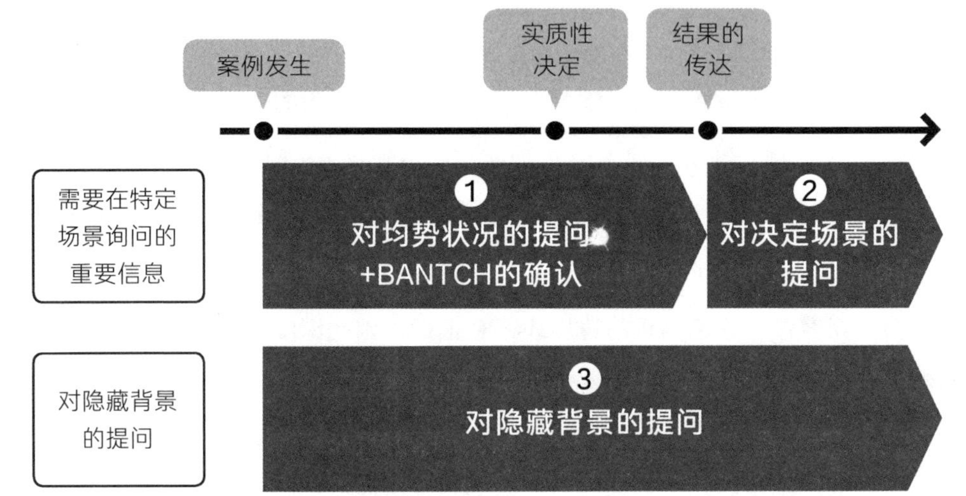

【图2-10】“扭转均势局面的三个问题”的定位

在客户告知我们成交订单或者失去订单的结果后不久，就是我们“对决定场景提问”的机会。趁客户印象深刻，要尽快掌握事实，确定客户何时下的决定。但仅“对均势状况的提问”和“对决定场景的提问”无法消除信息差。客户的想法会随时变化，要消除销售员与客户间的信息差，就需要第三个“对隐藏背景的提问”。

任何时候都可以抛出“对隐藏背景的提问”，但陷入问题攻势会给客户造成负担。所以，提问要站在客户的角度，去解决客户的烦恼和问题。

因此需要我们进行“确认这部分没问题吧”“这样会比较好吧”这样的判断，需要我们锻炼对信息的敏感度，这个信息是否具有决定性。而要获得这种敏感度，就要通过“对均势状况的提问”和“对决定场景的提问”。“扭转均势局面的三个问题”是三位一体、不可或缺的，在消除与客户间的信息差方面发挥着巨大的作用。

第2章总结

- ☑ 为了消除销售员与客户间的信息差、增加订单，第一步是将商谈分为“轻松”“均势”“惨败”三种情况。
- ☑ 专注于那些需要消除信息差的均势案例，提高“均势战斗的强大实力”，扩大轻松取胜案例的范围，提升利润率。
- ☑ 均势案例中有三种模式，“因其他公司犹豫”“因是否要搁置而犹豫”“因是否在公司内部解决而犹豫”。为了赢得均势案例，需要把握客户犹豫的具体原因再行动。
- ☑ 只有熟练使用“对均势状况的提问”“对决定场景的提问”“对隐藏背景的提问”这三个技巧，才能在均势案例中采取合适的行动，取得胜利。

第三章

四种能力消除信息差

PDCA管理循环

当我们确定了“均势状况”和“决定场景”后，就知道眼前的项目是否属于均势案例，以及需要重点解决哪些问题。问题解决后，通过询问“决定场景”来验证之前的假设。

这样一来，胜负就在于PDCA（Plan计划、Do执行、Check检查和Action处理）循环的实施效果了（见图3-1）。第一章已经介绍过，调查结果显示，尽管客户在决定时会考虑性价比以及价格的高低，但并不仅是根据商品的价格来决定是否购买的。因此，如果只是一味地宣传商品和服务，即使降低价格，成交率也并不会上升。

相反，在对手公司忙着打消耗战的时候，我们只要时刻想着“客户是怎么做出决定的”“客户的心情会受什么影响”“关于客户的想法，我们不知道的是哪些”等，就可以避免与客户产生分歧，从而提升取胜概率。

我曾对刚上市的公司E社长直接给出提案。

收到订单后，我向他了解“决定场景”：

“感谢您的订单，前几天您说对于这个价格，做出决定是需要勇气的，但是哪个瞬间让您最终决定要下这笔订单呢？”

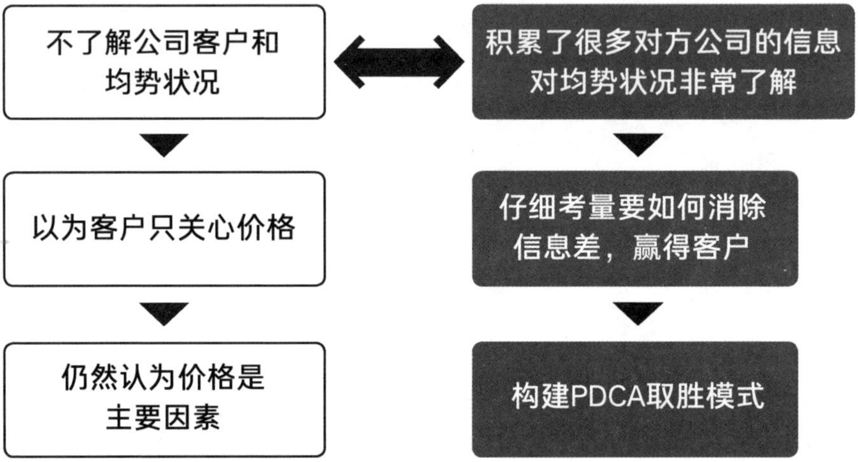

【图3-1】三个问题的作用

E社长是这样回答的："啊，其实第一次见面的时候，我看到高桥先生认真记笔记的样子，心中便已经决定了。"

我十分惊讶，差点摔倒。虽然在我给出报价的时候，被客户指出"接受这个价钱需要勇气"，实际上客户在看提案和报价之前，已经因为我记笔记的样子而决定与我成交。

在我们公司之前，有三家竞争公司给出了提案。第一家公司，来与E社长谈判的是一位非常著名的顾问老师："社长，恭喜贵公司上市。只是，切忌掉以轻心啊。从外面看贵公司的组织体制还很薄弱。例如，贵公司这里比较薄弱，这里也存在问题……"在刻薄的评论后，他建议："所以，应该交给我们公司。"

E社长听到他人如此评价自己倾注心血培育的公司，感到很沮丧。

第二家公司来的也是业内有名的顾问老师，他一来就开始以高高在上的态度提出建议："社长，贵公司这里就存在差距。""这里也有问题。"

社长越来越不满意了。

这时，第三家公司出现了。仍然被告知"社长，贵公司的问题就在这里"，E社长的自尊再一次受到伤害，于是他决定彻底中断谈判。

前三家公司已经完全破坏了场面，就在E社长心情很糟糕的时候，第四家公司出现了。就时机和顺序而言，这是在其他三家公司完成提案后的第一次访问，所以已经落后了很多。

出现在E社长面前的我，并没有进行批评，也没有单方面给出建议，而是挺直脊背，坦率地倾听社长讲话，并开始做笔记。

看到我记笔记的样子，E社长的脑子里浮现出"理解客户"这个词，这让社长觉得我非常值得信赖。

经过了这次意见听取后，我决定改日再给出提案，但实际上在我初次访问时，社长就已经决定要与我们公司合作。

这个案例就是充分利用"扭转均势局面的三个问题"的很好证明。

基于这些事例，我向内部传达了以下几点：

- 对于上层客户，在传达"问题""弱项"等微妙信息时，一定要注意表达方法，否则很容易出错。
- 双方的商谈中，对方不仅看重提案书和你的介绍，还会通过细节做出判断。
- 在向对方提出建议时，首先要对迄今为止对方付出的心血表示敬意和肯定，同时认真地倾听对方讲话，之后再向对方提出公司的提案。

掌握了决定性因素以及决定场景的真实情况，在此基础上运用PDCA循环，增加客户的信任感，个人和组织的成长速度会迅速提升。

让谈判结束于意料之中

我总是建议在咨询和培训中“向客户提问决定场景”，几乎每个人都感叹道，“客户做决定的时间点与我想象的不一样”。

在第二章中介绍的调料公司的销售员B先生惊奇地发现“决定因素不是历史和传统，而是容器的大小”，在刚才我自己的例子中，E社长在我初次访问时记住了我记笔记的样子，这也是决定性因素。

那么，我们再深入分析一下销售员所认为的容易促成订单的时机（决定场景）和实际上客户决定发单的时机（决定场景）。

在下图中（图3-2），我试着把“客户做决定所需要的时间”按照从短到长的顺序排列出来。

位于图表最上方的是客户看到商品和服务后，并确认报价的时间。客户试着使用了一下商品，看了价格后说：“嗯……好吧，那就它吧。”

如果在这个时间点进行销售，不仅会增加提案时间，还会陷入必须尽快报价的处境。“因为有很多客户在犹豫之后最终是根据价格决定的，所以我们还是用降价这一额外信息来一决胜负吧”，这样就会掉入这个陷阱。

“让客户产生信任的时机”越晚，销售成本就越高。所以怎样让客户在一开始做出与我们合作的决定，对销售员来说非常重要。

另一个案例是，客户在较早的阶段，了解有关商品与服务之后便决定发单。在这种情况下，即使不确定报价，客户也会发出“真好啊”的赞叹。客户在这个时候确定成交订单，作为销售员的你会轻松很多。例如，你有更多的时间来撰写提案书，避免不必要的降价。

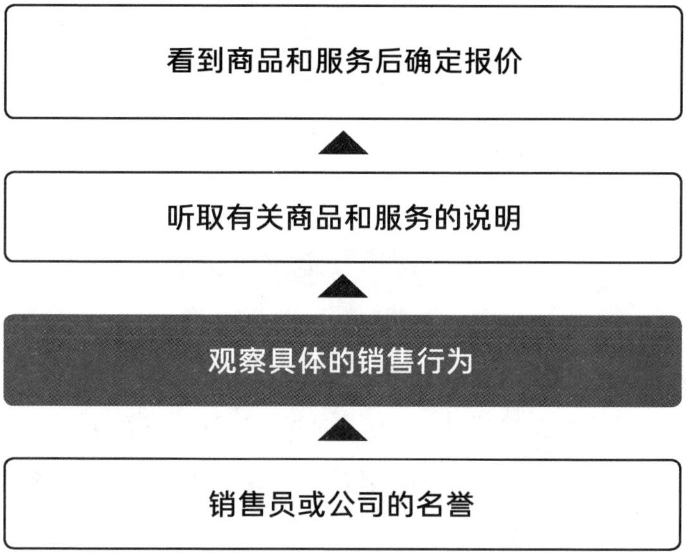

【图3-2】让客户提前做决定

让客户在了解商品和服务之前就决定成交订单，将是更大的挑战。

刚才介绍过的E社长，仅仅是因为看到了我做笔记的样子便决定下单，实际上，对我来说，无论是对提案书的细致修改还是对价格的严格交涉我都没做。（为了不产生误解特此说明，尽管是在说明商品、服务之前做出的决定，但提前准备好最基本的提案书和报价单也是十分必要的。）另外，本书开头介绍过的搬家公司的A先生同样如此，在交谈阶段我便决定委托给A先生，因此高价格也是“好服务所需要的代价”。

然而，为了让客户尽早决定成交订单，你需要在平日里多从客户那里积累有关决定场景的真实案例。根据成交订单或失败订单的客户意见，掌握具体的信息后才能确信“哪些信息是客户们关注的”，从而进行销售活动。

顺带一提，之前说的“因销售公司的名义而成交订单”的案例就是所谓的“轻松案例”。在均势战中变强后，客户就会重复下单，以组织为单位在均势战中变强后所产生的竞争优势会扩大轻松案例的范围。

高水平销售和低水平销售

实际上，高水平销售员，能让客户在了解商品和服务之前就决定是否成交。

如果销售员让客户觉得“只要是这个负责人，肯定不会有错”，即使提案书不够详细，也能让客户觉得这个公司比其他公司好，通过言行获得客户的信任，客户就有可能在提交方案之前决定合作。

所谓低水平销售员，大部分都是在销售战开始之前就已经输了。

从结果来看，多数的高水平销售员在大量的轻松案例中已经积累了足够多的销售额，而低水平销售员则承担了大部分的失败案例（图3-3）。

在销售咨询现场，我与业绩比较差的销售员聊天时，经常听到他们抱怨说：“客户总是让我马上给出方案……可再给我一点时间，我才能够提交精益求精的方案啊。”

各位细心的读者应该能察觉到，这种案例实际上客户已经决定交给其他公司来做了，是需要我们在方案上下很多功夫的案例。

对于销售员，要防止这种事件的发生，应该怎么做呢?

首先把资源集中在有限的均势案例上。确认了均势状况，就会发现，在已经获得提案机会的案例中，许多是已经确定了结果的惨败案例。如果每一个项目都尽全力的话，对于本该倾尽全力的均势案例的时间投入会被压缩。此外，“对决定

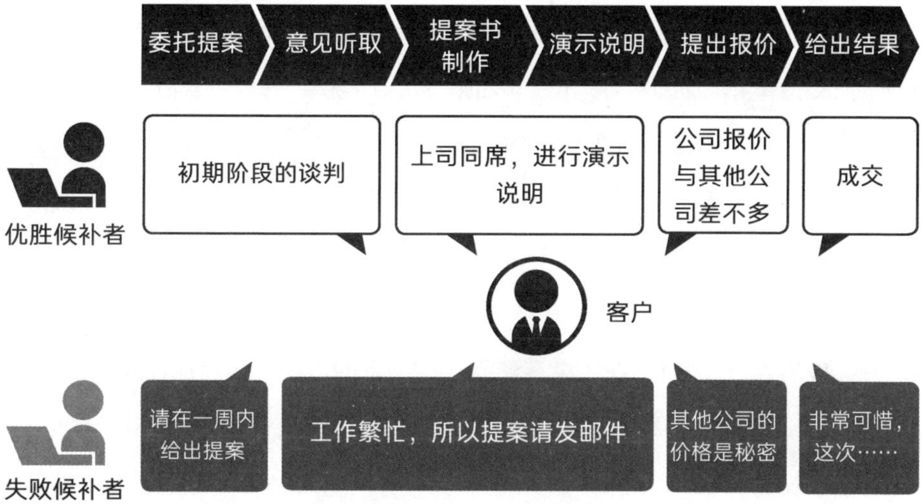

【图3-3】水平越高的销售员越能在上层解决问题

场景的提问”能以团队为单位进行实践，你会从其他成员的决定场景中学习到“客户是如何选择提案的”。

了解“客户是如何选择提案的”，在决定胜负的均势案例中“对隐藏背景提问”。保持这种状态，同时再对有限的胜利机会付出最大的努力，就会获得更多订单。

变被动为主动

怎样成为拥有上层销售思维的高水平销售员呢？

第二章中介绍过“扭转均势局面的三个问题”非常重要，很多人可能会有疑问：连均势案例都没有确定，或拥有案例的机会原本就很少，想要在均势案例中提出我们想问的问题，但与客户的关系还没到那一步。

在培养“上层销售思维”的过程中，有两个要点需要做到：第一，不要踏入客户的禁区；第二，加强对客户的了解的专业技能。

在第一章中提到过，站在客户的立场上，让客户感到“被理解”的销售员，每6个人中只有1个人，这“6人中的1人”便是我们说的拥有上层思维的销售员，剩下的5人在不理解信息差的情况下，往往会采取有分歧的销售行为。

根据日常经验，客户往往会对自己不熟悉的销售员进行负面预测，“这应该是5/6的有分歧的人”。同时，在还没有建立合作关系的阶段，客户往往为了避免碰到“存在分歧的销售”（5/6的比例）而不愉快，或者无意识地对存在分歧的销售员表现出拒绝的态度（图3-4）。

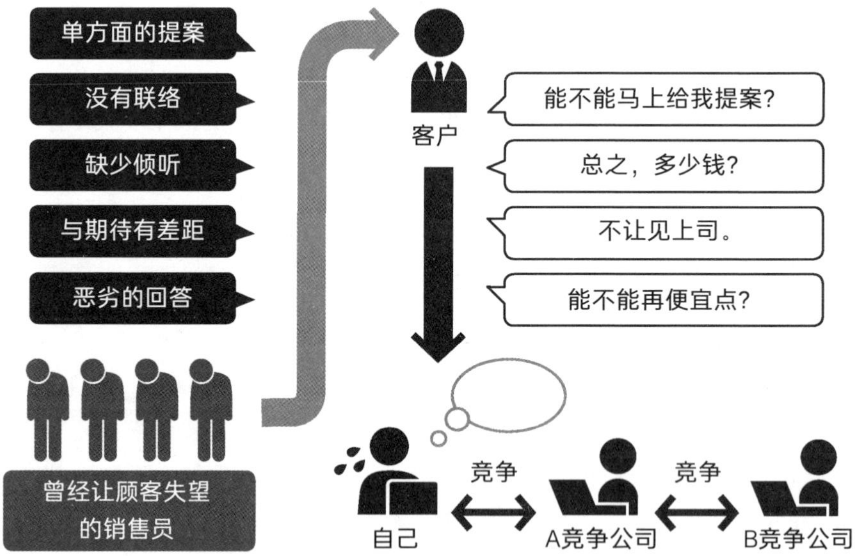

【图3-4】最大的竞争对手是过去的失败经历

基于这个事实，“很难与客户的上司见面”的情况，可能并非单纯因为销售员自身能力的不足。

曾有一次，公司上司见了其他公司的不合格的销售员，他说：“我很忙的，那样的销售，你去处理！”被这样训斥过的客户，可能因为不想再经历同样的遭遇，而拒绝上司的见面请求。又或者是，面对好不容易努力写出的提案书，客户却突然翻开最后的报价页面，问“总之先告诉我多少钱”或者“能不能再便宜点”，这种情况可能并不是因为提案的水平低，而是客户在过去遇到过太多的“让期待落空的提案书”。

客户对销售员不满意，因此会有许多无理的要求，同时和我们的交流也会变得更加严肃。

正因如此，对销售员而言，最大的对手是过去的失败经历。一旦踏入了被认为是“有分歧的销售”的禁区，也就意味着，被客户拉入了黑名单，销售员需要提升技能，消除分歧，做到真正理解客户，所以知道客户不满的原因非常重要。

客户不满的四个原因

客户对“分歧”感到不满的原因，在下一页的问卷调查中有详细说明（图3-5）。其中，占比最高的是“销售员不能把握关键信息”，占比50.8%。这意味着，半数以上的客户认为销售员“不会提问”“没有认真倾听”。

占比第二的是，“感受不到销售员的个人魅力与价值占比43.7%，这是对销售员的个人气场、人品等方面的不满。并列第二的是“销售员的行为不良”，第一章中提到过。排第三的是“不按客户的要求给出提案”，占比37.2%，也就是说销售员给出的提案，内容和逻辑与客户的想法有偏差。

Q 销售员的哪些行为让你不满，请在下表中选出适当的描述（多选）

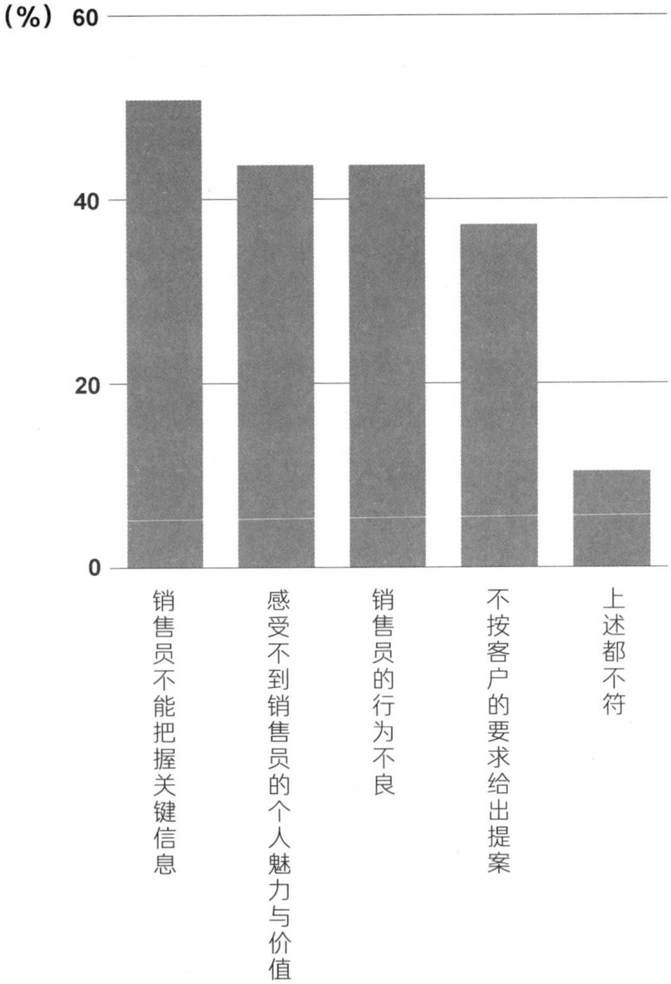

（n=309）

【图3-5】客户不满的原因

引用：使用明路模板的网上调查　　2017年11月　　TORIX调查

从这个调查结果可以看到，回答“上述都不符”的客户只占10.4%。也就是说，约九成的客户，都认为销售员欠缺这四种能力。

那么，如何消除这四种“分歧”呢?

作为解决方案，我的建议就是接下来要跟大家介绍的“四种能力”。

消除分歧的四种能力

这四种能力分别是“提问力”“价值诉求力”“逻辑力”“行动力”（图3-6）。

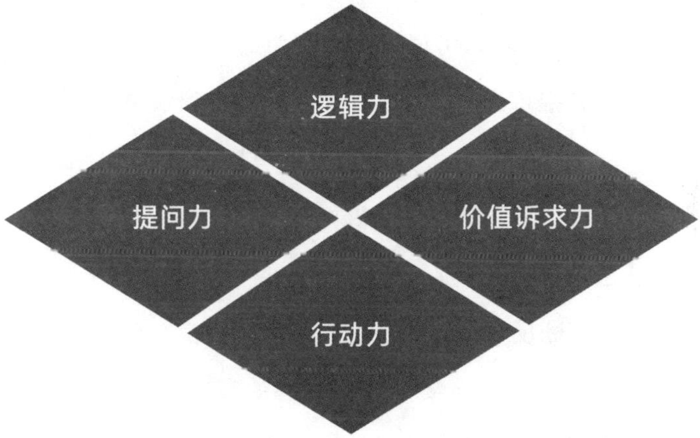

【图3-6】销售员需要的四种能力

销售员听取要点的能力不足，不能把握关键信息→“提问力”不足。

销售员没有个人魅力与价值，客户没有想要再见面的欲望→客户所需要的“价值诉求力”不足。

不按客户的要求给出提案→协助客户做出决定，通过申请的“逻辑力”不足。

销售员的行为不良→与客户共同推进项目的“行动力”不足。

这里介绍的四种能力，是减少“客户因不满而取消订单”的现象，消除分歧的强有力的武器。高水平的销售员就是不断使用这四种能力进行工作的。

上一章介绍的“扭转均势局面的三个问题”便是“提问力”的一部分。消除与客户间的信息差，让客户感到“被理解”的倾听也需要“提问力”，这种能力对于充分理解客户的愿望和诉求是非常重要的。

但是客户不一定会百分百回答我们的问题，如果销售员只凭借提问能力从客户那儿单方面获取信息的话，客户会拒绝回答问题。

因此，销售员必须给对方提供一个回答的理由，使之成为可能的便是“价值诉求力”。提问力和价值诉求力可以说是“硬币的正反面”。通过提问力准确获取信息，深入理解客户，提炼出“客户会不会被这个点所影响”“如果这样做客户应该会感到高兴吧”的价值诉求力。为客户提供有用的价值，让公司的地位在客户心中得到提升，再向客户提问，也会变得更容易。

销售的理想状态是“从客户那里学到很多东西”（发挥提问力）、“对客户有用”（发挥价值诉求力），不断反复，消除与客户间的信息差。

循环使用“提问力和价值诉求力”，从熟悉的客户那里得到关键信息，以此为基础，组建可以拿到订单的方案，这样的能力就是“逻辑力”。

拥有逻辑力，就能够在客户犹豫不决的均势案例中及时给出“选择本公司的理由”。消除与客户间的信息差，不仅看销售额，更要从客户的立场给出明确的选择本公司的理由。

在推进这个流程时，有时会碰到“由于工作繁忙，时间有限”等障碍，这就需要我们与客户一起行动，推进流程，这种能力就是“行动力”。

提升行动力，缩短每个环节的时间，采取合适的行动，就能消除“壁垒”，成交订单从而提高销售活动的生产性。

高水平的销售员，就是充分运用了这四种能力，让这个“良好的销售循环”发挥作用，不断累积辉煌的销售业绩。

那么，从下一章开始，我们先来学习“提问力”。

第3章总结

- ☑ 以“扭转均势局面的三个问题”为中心，通过PDCA循环，深入理解客户，扩大取胜模式。
- ☑ 让谈判结束于意料之中，这就是“高水平销售”和“低水平销售”的不同。
- ☑ “上层销售思维”要求销售员不要踏入客户的禁区，加强“理解客户”的技能。
- ☑ “理解客户”的销售员应具备“提问力”“价值诉求力”“逻辑力”“行动力”四种能力，“扭转均势局面的三个问题”是提问力的一部分。

第四章

深入理解客户的提问力

客户需要会提问的销售员

在第三章我们了解到，客户对销售员不满的问卷调查，回答最多的是“销售员不能把握关键信息”，占整体的50.8%。

接下来，让我们来看看“因为不倾听而不满”的调查结果（图4-1）。

客户的回答中最多的是“贵公司追求的目标”，其次是“贵公司目前遇到的问题”。在占比不高的选项里值得注意的是“客户的私人问题”。

近来，“解决问题型销售”一词广为人知，几乎每一位销售员都学习过“要做解决客户问题的销售”。尽管如此，就像第二章介绍的那样，许多销售员在问到客户的私人问题时，看到客户要生气的样子，就不再深入问下去了，而是直接给出提案。

那么，为了加深对客户的理解，应该怎么办？

灵活运用提问力

运用提问力来推进商谈，我在这里进行了大致的整理（图4-2）。

顺便说一下，在第二章中介绍过的“扭转均势局面的三个问题”中，“对隐藏背景的提问”里的“开场白”“深入”“特定”等关键词，均包含在上述所说的提问力之中。另外，在轻松和惨败案例中，由于发挥提问力的机会很少，所以特别

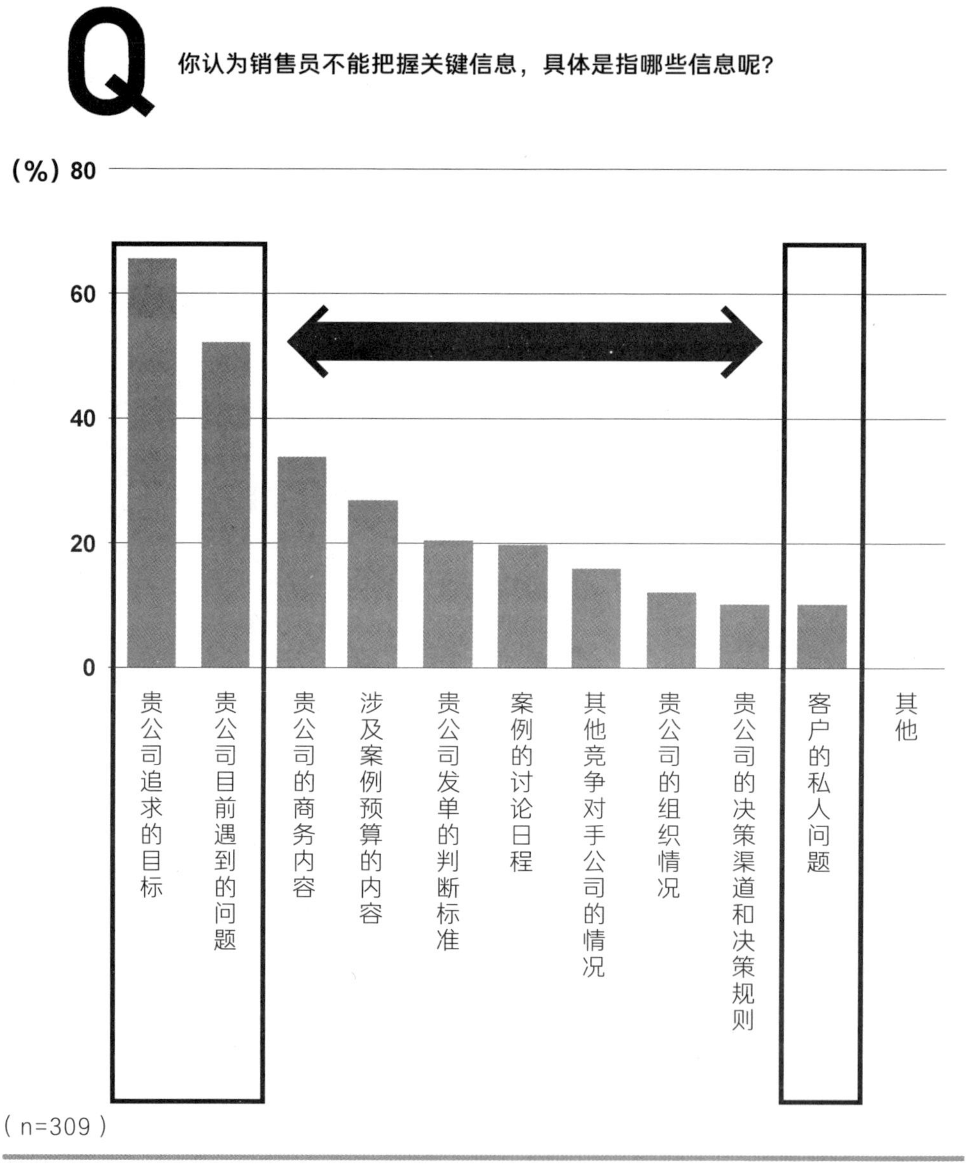

【图4-1】客户对销售员获取信息的能力不满

引用：使用明路模板的网上调查　2017年11月　TORIX调查

需要提问力的是“均势案例”。

在这个表格中，为了达到“目的”，从挑剔的戒备心强的客户那里得到细节和核心信息，将内容具体化整理，此时就需要“商谈（提问）的推进方法”，我们将它分为四个环节，各个环节的要点和失败案例如图4-2所示。

请回想一下第一次访问的场景：大多数情况下，客户会要求“首先请说明贵公司的情况”，不管你多想尽快进入谈判环节，都有必要先简单介绍公司和服务情况，可以一边介绍，一边推进对话，找准提问时机，转向倾听环节。

现在，让我们简单地确认一下四个环节的流程。

第一是“奠定基础”。

销售员不能贸然提问，需要先建立一个可以发问的基础。

第二是切入的“倾听”。

在提出问题之前，客户有可能先发问。我们不能忽略客户的问题，更不能打断客户，真诚回答客户的提问，在此基础上进入倾听模式。使用“开场白”，从“说话模式”自然地转为“倾听模式”。

第三是深入的“倾听”。

人们经常会说，“只有销售员在说的商谈是不会顺利的。让我们把更多的话语主导权交给客户吧”。让客户表达，增加我们的倾听时间，这也是其中的一个环节。

第四是具体化的“打听”。

客户讲出他的情况之后，我们的问题也会变得更加明确。此时运用特定提问和核心提问推进商谈，在理解客户的同时也获得了对方的认可。

目的	对挑剔的、戒备心较强的客户，提出关键的核心信息，进行有效提案			
环节	① 奠定基础	② 切入的“倾听”	③ 深入的“倾听”	④ 具体化“打听”
要点	**吸引和破冰** □ 表情和声音尽可能明朗，聚焦话题，营造舒适的氛围	**回答客户提问** □ 在确认客户的意图后回答问题，确保契合主旨	**深入提问** □ 对客户进行深度提问，进行更详细的沟通	**特定提问** □ 对于目的不明确的客户，提出容易的问题
	双向说明 □ 一边说明，一边不断确认客户的理解程度，达到双向的沟通	**开场白** □ 避免让客户感到不愉快，抓取关键信息	**积极倾听** □ 积极倾听，对客户表示理解，促进客户的表达欲	**核心提问** □ 对于逃避回答的客户，对其深入提问与项目相关的重要信息
失败情况	□ 没有意识到自己的提问方式让对方感到不愉快，仍然滔滔不绝地说	□ 不确定客户的提问意图，作出错误的回答	□ 中途打断客户，围绕自己的话题展开说明	□ 问题单调，完全的开放型问题或封闭型问题

【图4-2】提问力：灵活运用三个“听”

吸引和破冰：创造沟通基础

从“奠定基础”的要点开始，我会一个个进行详细说明。

首先，学会吸引与破冰是非常必要的，没有人愿意回答不友善的问题。吸引客户且成功破冰，消除现场的紧张气氛，拉近与客户间的心理距离，创造一个轻松愉快交谈的环境。

经常有人说“破冰时要讲些有趣的故事，让气氛变得融洽”，或“不能谈论天气”等等，实际上，谈话的内容不是固定的，在引发兴趣和破冰的过程中，一定要注意三点：“留心日常举止，让客户有信赖感”“主动自我披露”“表达兴趣与关心”。

“留心日常举止，让客户有信赖感”是商业礼仪，也是销售员的必备基本技能，不能让客户感到不舒服。

“自我披露”也很重要。目前为止，我们一直在谈“销售员与客户间的信息差”，但对于尚未建立合作关系的客户，如果你能尽早让客户了解你的公司，以及你的简单背景，那么之后的对话就会变得顺利很多。

“表达兴趣与关心”，可以从客户的公司或眼前的负责人切入，从公司公开的信息和业务内容中寻找合适的话题，表达兴趣或关心。

“前几天，报纸刊登了贵公司新商品上市的报道……”

“名片上这个部门，是负责什么工作的呢？”

像这样，提出共同的话题，向对方表示兴趣和关心，客户就不会觉得不愉快。

经营公司的时候，也有很多销售员来拜访过，迄今为止，令我印象最深的一次“引发兴趣和破冰”，是一家PR公司的销售员F先生。

F先生在初次访问，商谈刚开始时就说：“虽然敝公司是PR公司，但其实我也曾在私下想象过5年后贵公司在谷歌上被搜索出来，会是什么感觉。”F先生边说边向我展示了几张竖向粘着的A4纸，像是打开了卷轴一样的资料，写着公司未来在谷歌上的检索结果。

“用贵公司的名字在谷歌上搜索后，会有这样的报道，以这样的形式被世人所知……啊，对不起，我又开始妄想了（笑）。”

就这样，不经意间我对他产生了兴趣，展开了交谈。初次访问就对我们表示出兴趣，对客户而言是一件令人高兴的事。

成功“引发兴趣和破冰”后，接下来就开始“双向说明”。

在与客户进行沟通之前就给出正式提案，产生信息分歧的可能性会更大。因此，我们希望能够在充分听取客户的意见后再给出提案。

“均势”的状况下，客户处于戒备状态，会说：“首先，请说说看贵公司可以做什么，优势是什么？如果不问清楚这些的话，我们也不能给出什么信息哦。”首先应该简单说明本公司的业务、业绩和概要等，再试着进入听取客户意见的环节。

但是，不能忽略客户只进行单方面的说明，在双向说明中要时刻关注对方的表情和语气，还要注意时机，确认对方的理解程度，这样才会减少信息差。用资料进行说明，要观察客户翻页的动作，同时结合说话的节奏，偶尔抛出问题，注意要进行双向沟通。

我也经常遇到一些缺乏经验的销售员，有的一见面就开始单方面的介绍，或者只是一味地朗读自己公司的宣传册，这样会让客户认为“如果需要理解资料，那不如我自己来看吧”。他们会觉得浪费时间，直接翻到写有结论的最后一页。所以要合理运用“双向说明”，避免被客户视为单方面的强加行为，从而实现愉快的交流。

明确意旨，切入式倾听

在“引发兴趣和破冰”“双向说明”环节打好基础，接下来就是切入式倾听环节。

在发挥提问力时，重要的是让客户感觉到这个销售员容易沟通，要点在于“给客户的回答”。让客户能感觉到这一点，他就会积极地展开交谈。

例如，客户可能问“贵公司的优势是什么”或者是“请介绍一下贵公司的业绩和成就”。“这些问题以后都必须在公司内进行说明”“这个公司究竟能做什么？想了解公司的实力”“没有什么其他要问的”等。在这样的情况下，确认客户的意图并给出正确的回答，消除与客户间的“分歧”。

想要主动提问，但对于提问力不足的销售员来说，会因害怕而不敢问，例如，你想确认均势案例的隐藏背景，却对问题没有把握时，就需要第二章介绍的“开场白”（图4-3）。

突然问客户“我公司现在排第几位呢”会让人感觉很不礼貌，但是如果改变一下前提再问“山田先生的个人意见也可以，您认为本公司是第几位呢”，这样就会使提问变得容易多了。

又或者，如果想问“您的预算是多少”，那么最好换一种方式，“这次我们的提案有几个不同的方案，您预算的上限是多少呢？”使用“提问理由”这样的开场白，能够有助于降低提问时的心理压力。

在与人数较多的客户方商谈时，我建议使用这两种开场白：“个人的意见也可以”“如果……”这是因为客户方的相关人员太多，每个人都会保留自己的意见，或者把公司当成限制条件。为避免让客户感到唐突，请积极使用开场白吧。

	内容	具体事例
1	说明状况的开场白	□ 我之前可能也拜访过您…… □ 我想您已经知道了…… □ 我很在意前几天您说的xx这一点……
2	改变前提的开场白	□ 假设我们清楚了xx这一点…… □ 假如我擅自全部说出来了…… □ 就算是xx先生的个人意见也没关系，所以……
3	传达提问理由的开场白	□ 为了准备xx，我有一个问题想要问您…… □ 为了不浪费您的时间…… □ 我不能单方面说太多了……

【图4-3】让自己更容易提问、对方更容易回答的“开场白”

打破沉默，深入倾听

学会了“开场白”和切入式的“倾听”，就可以进入第三个环节：深入“倾听”。

这里将多次提到金字塔结构的“深入提问”（图4-4）。

所谓“金字塔结构”，指的是将最重要的信息放在顶点，分解后的各个细节信息分组作为支撑的理论构造。越接近顶点，越是高度抽象的信息，越接近末端，越是具体细分化的信息。

	内容		具体事例
1	明确客户所说内容的提问		□ 您说的是这样吗?
2	引出客户对详细内容的提问（对主题金字塔的下级提问）	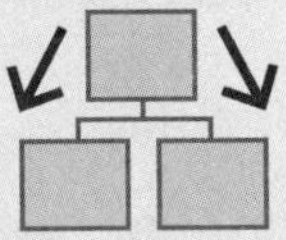	□ 具体是什么呢?
3	引出客户对所说内容背景的提问（对主题金字塔的上级提问）	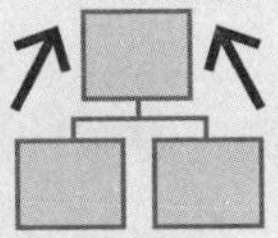	□ 为什么呢?
4	确认主题的全面性，对总体情况提问（对主题金字塔遗漏的内容提问）	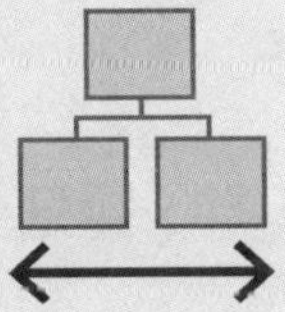	□ 还有别的吗?

【图4-4】金字塔结构的“深入提问”

“您说的是这样吗？”也就是说换句话表达原来的信息。当问“具体是什么呢”时，就更能接近末端。“为什么呢”可以攀登到金字塔顶点，最后通过侧面提问“还有别的吗”可以有效找出遗漏的信息。

简短的一句“深入提问”便可以再次将话语主导权交回给对方，还能引出对方没说出的话题。因为这是可以通过不断练习来掌握的，所以推荐大家用角色扮演等方式，反复尝试、练习。对于客户的发言，如果能够顺利地深入提问，就能展开有意识的积极倾听。

所谓积极倾听，就是关心对方所说的内容，用心听对方讲话。

随声附和、眼神接触、记笔记不必说，此外，不要中途打断客户也很重要。偶尔说一句“啊，原来如此，您说的是这个啊”这样的概括，也能让客户感到“这个销售员是懂我的”。

积极倾听是指“促使客户多表达”，它发挥着与提问同等的效果。我经常把积极倾听表达为“看不出提问的提问”。

和善于倾听的人说话，会不自觉地沉浸其中。对于不擅倾听的人，经常会有“不知不觉我又说得太多了……”这样的烦恼。角色扮演的时候，很多人通常因为无法忍耐现场的沉默，就先将自己想到的话都说了出来。的确，沉默很可怕，但客户也许正在整理思绪。因此，要配合对方的节奏，踏踏实实地听对方讲话。

具体化打听：验证假设，确认要点

通过“深入倾听”，进入让对方开口说话的模式，谈话就会变成客户比销售员说得多，销售员也能从客户那里了解更多信息，到商谈的后半部分，销售员就要开始验证假设和确认要点。

这时，我们应该进入第四个环节：具体化“打听”，使用我们在第二章中介绍过的“特定提问”。特定提问比一般的开放式提问和限定式提问更容易理解，这里我们将用图表来说明（图4-5）。

	内容	定义	具体事例
1	开放式提问	让对方自由回答的提问	□ 您对贵公司的课题有什么看法呢?
2	有条件的开放式提问	在一定的限制条件下，让对方自由回答	□ 关于贵公司的课题，特别是最近一个月讨论的内容，你认为怎么样?
3	有选项的限定式提问	在“例示”中显示选项，在一定程度上限定回答范围的提问	□ 课题的种类是什么样的呢？例如愿景、管理层的领导力、战略等，如果还有其他什么……
4	限定式提问	限定回答范围的提问	□ 根据之前所谈的内容，贵公司的课题大概是XXX，您认为是这样的吗?

↑ 停止推进话题，扩大范围

↓ 为了推进话题让问题更加明确而限制范围

【图4-5】验证假设、确认要点的“特定提问”

开放式提问是类似于“贵公司的课题是什么呢”这种可以让客户自由回答的提问。尽管听起来是正规的问题，但如果客户没有认真考虑，就没法很好地回答。

在这种情况下，就可以选择让人更易回答的“有条件的开放式提问”。例如在“主要讨论了什么呢”这个问题中，添加“最近一个月”这一条件，便可以让客户进行具体的思考。

但是，如果不习惯这样的前提和条件就没法脱口而出，因此练习是十分必要的。虽然有点难度，但如果能在恰当的场合使用，就能帮助双方展开深入对话。

另外，还有一种让客户有紧迫感的限定式提问，例如“贵公司的课题是这样的，不知我说的对不对”。只有一个选项的提问，会让客户觉得“嗯……好像不是这样的”。

因此，为了更好地对话，适当增加选项，就需要两个或三个选项的“有选项的限定式提问”。这种提问方式，不仅能够弥补对方的暧昧或不完整的回答，也能找到关键信息，因此也被称为“探索式提问”。很多知名的保险公司和销售公司的销售手册里，都写着“探索式提问”，因为第二、三个选项不容易随时想到，所以员工在角色扮演时会提前反复进行练习。

灵活运用“有条件的开放式提问”和“有选项的限定式提问”这两种提问方式，就能够获得更多信息。

做到了以上步骤，最后就是“核心提问”了。核心提问是指以愿景/目标、达成目标的手段/方法为内容，将焦点放在客户身上，从客户的困扰与课题等核心信息入手的提问（图4-6）。

对目标/愿景和理想进行深入提问，比如：“为什么要设定这样的目标呢？”“实现愿景的过程中，有没有什么障碍？”需要提取核心信息。

例如，当客户说“这是上级领导定下的目标”时，不要立刻回答“明白了，

内容	说明	具体事例
1 愿景 / 目标	以核心提问的方式，让对方说出目前的困难与烦恼	□ 最初为什么要设定这样的目标呢? □ 这个目标是很久以前就制定的吗? 还是最近? □ 要实现这个愿景，目前“进展顺利的”和“未能按照计划进行的”都有哪些呢?
2 达成目标的手段 / 方法		□ 为什么是现在（而不是一年后的未来）呢? □ 在公司内部进行是不是不太好? □ 已经签约的公司哪里做得不够好呢?

【图4-6】探索本质的“核心提问”

之后我会带来相应的提案”，而要通过核心提问“为什么要设定这样的目标呢”从客户那里获得更深入的信息。

核心提问最大的优势是，尽管客户已经跟某家公司达成了合作，你也还有机会获得重新提案，因为客户对现在的合作方还有不满意的地方。

十多年前在我创业的时候，接手的都是需要开拓的案例，所以在客户已经有合作对象的情况下，也一直在努力寻找机会。

我最常用的表达是，“您已经和其他公司达成合作了，应该也还有想跟贵公司合作的其他公司，为什么要把提案的机会给初次见面的敝公司呢？”这样的对话会为后面的合作提供重要的信息。

经常会有销售员问客户：“您对正在合作的公司有没有什么困惑和问题呢？”从客户的角度来看，面对新的销售公司一般不会轻易说出自己的困难。这时候与其问“困难是什么”，不如用核心提问的方式问“目前贵司已与其他公司合作，为什么”，你会听到更真实的意外的信息。

提问力应用

关于“四种能力”之一的“提问力”，我们将其分为四个阶段来推进商谈，对于戒备心强的客户，尽可能的在沟通中倾听、理解，用基本的“提问力”就行。想要成为合作伙伴，就要应用关键的“解决问题式提问”。

所谓的解决问题式提问，是指针对客户公司想要实现的目标，制定并展开提案。学会使用这种方式，成交率将大大地提高。

提问力的应用篇和基本篇一样，我将会用图表进行解说（图4-7）。

四个环节里一共有八个要点，其中最关键的还是“把握现状的提问”“深入式提问”“察觉式提问”“关联式提问”。解决问题式提问的最大特征，不是来自本公司的单方面的销售，相反地，是针对客户理想和现实的差距，在确认问题的重要性之后，再给出本公司的提案。

尤其需要注意的是，关键信息是从客户自身获取的。因此，不要单方面地强

	①	②	③	④
目的	对于那些不想传达太多信息的客户，在深度挖掘的同时，也要从解决客户问题的合作伙伴的角度展开讨论			
环节	① 根据现状的提问导入	② 通过深入提问形成信赖与期待	③ 用察觉式提问创建伙伴关系	④ 用关联式提问为本公司的提案搭建桥梁
要点	**双向对话** □ 一边确认客户的理解程度，一边准确回答客户的问题 **把握现状的提问** □ 针对客户的状况，不留遗漏地提问基本项目	**深入式提问** □ 不漏掉“想做却做不到的事情”，可进行特定提问 **事例介绍** □ 针对问题，可用证据（事例）等进行有逻辑的说明	**信息整理** □ 根据客户的任务和目的，确认信息的完整性和优先顺序 **察觉式提问** □ 通过同步信息，让顾客注意到本质的课题	**关联式提问** □ 包含障碍消除法在内，通过提问从客户那里获取想要的信息 **BANTC的确认** □ 研究时间、决策方法、预算、竞争、体制等相关信息均可无遗漏确认
失败情况	□ 注意不到客户的反应，单方面地侃侃而谈 □ 未确认客户的提问意图，给出有分歧的回答	□ 忽略“想实现却做不到的事情”，强行展开自己想说的话题 □ 不知客户的私人问题和课题之间的联系	□ 将话题引到对客户的任务和目的不重要的论点上 □ 没有在本质上与客户产生关联，而是单方面推销本公司服务	□ 没有与客户确认信息就擅自向前推进 □ 没有确认研究时间、决策方法、预算、竞争、体制等相关信息就草草结束

【图4-7】提问力（应用）：掌握技能的要点

“通过解决问题式提问，成为客户的合作伙伴”

加给客户，只有靠近客户才有可能提出解决问题的方案。

在提问力（基本）方面，我们不要一下子对戒备心强的客户提出很多疑问。解决问题式提问技巧，是面对那些平时不太轻易透露信息的客户，在深入挖掘问题的同时，作为帮助他们解决问题的合作搭档，展开更深层次的讨论和对话。

刚才我们说了，保险公司和销售公司的销售手册里，都探索过这项内容，同样地，解决问题式提问也经常出现在手册里。

把握现状

在解决问题式提问中，尤为重要的是“把握现状的提问”“深入式提问”“察觉式提问”“关联式提问”这四种（图4-8）。

首先，需要持续进行对话，营造双方积极沟通的氛围。

双方的氛围一旦形成，就尽快向客户提问，从而掌握客户所处的立场和状况。

通过向客户询问“最近，您有什么困难吗”或者在拿到客户预约的时候，询问“您能告诉我关于这次案例的背景吗”，以这样的方式征求意见，确认客户对现状的满意度。

比如，在客户刚发表完中期经营计划时，可以这样提问：“关于最近中期经营计划的具体内容，能不能请您稍微说明一下呢？”这样有利于掌握现状的问题，也更有利于了解客户。

深入挖掘信息

如果察觉到了客户的不满，不要逃避，要寻找原因，并深入挖掘。根据基本篇介绍过的“深入式提问”及时改变提问模式。

“最近，贵公司发表了3年计划，大概是怎样的呢？”

	提问的目标	提问的说辞（例）
把握现状	掌握客户所处的现状和背景	□ 可以问几个关于贵公司活动的问题吗? □ 能告诉我贵公司的目标客户的形象吗?
深入提问	探究客户对现状不满的原因，确保无遗漏	□ 您刚才说“想要……”，能麻烦您详细再说明一下吗? □ 你刚刚说“为……烦恼”，具体是什么情况呢?
促使察觉	明确问题的重要性和影响力，让客户理解	□ 如果不能……的话，会发生什么问题呢? □ 刚刚您说……的问题，这个会对……产生影响吗?
关联提案	从客户那里得出优先解决什么问题	□ 解决什么问题可以让贵公司最接近成功呢? □ 如果XXX解决了，还有其他问题吗?

【图4-8】解决问题式提问的流程

“我们刚好正在整理上级部门下达的方针。”

“原来如此。那这样的话，现在应该正在讨论吧。”

“不，其实……”

不仅仅声音的语调发生了变化，就连“真糟糕啊……竟然还没有解决”这样的话也出现了。

通过这样的方式了解客户的不满以及担忧。这也正是我们深入挖掘信息的好机会。

上面的方针可能不太准确，或者目标可能是强行设定的。正因为这些不好的实情，才会说出“不，其实……”这样的话来。注意到这样的情况，并有所准备，便可以进行深入式提问了——“刚刚听您说到还没有解决，麻烦能再说得详细一些吗？”

很明显，这里进行了模式的改变，对于客户的不满，如果能及时有效解决，你将变得十分有价值。所以与客户进行有关问题的深入交谈很重要。

例如，关于自己公司中期经营计划的内容，客户在讲述模棱两可的信息时突然抱怨，这是绝对不能错过的“深入询问”的好时机。

“刚刚听您说还没有解决，能再详细说明一下情况吗？”

“是这样的，原本我们部门所负责的项目年目标是15亿日元。不过，我们现在的销售额一年只有12亿，为了弥补这3亿的空缺，我们已经试了很多办法，但都不行……”

“原来如此，那您说的很多办法，具体是怎样的呢？”像这样，我们要对客户的不满和担忧不断进行深入的挖掘。

如果不关注客户的烦恼与困扰，直接给出提案，就会沦为销售单方面的强加方案，还会引发客户的不满。在明确客户的烦恼和困扰之后，便要分析此困扰是否真的重要，这里可以使用“察觉式提问”。

把视角转向未来

促使客户注意的“察觉式提问”提醒我们，要重视客户关心的事。

我们并不能确认这突如其来的抱怨和不满是否真的很重要，需要通过“察觉式提问”，提醒自己客户的不满究竟是不是不值一提的小事，还是必须尽快解决的大事。

例如，接着刚才的对话进行“察觉式提问”，将会是这样的。

“关于那个3亿日元的差距，要怎样才能补上呢，如果一直不能解决的话，又会有怎样的后果呢？”

这样一来，客户会说：“这样的话，我们计划在明年四月改变组织结构，这就意味着我们必须将招聘计划和组织体制具体化，如果一直这样下去，会变得很糟糕。”

于是，我们便能以客户的回答为基础，确认这个事的重要性，“这确实是一个不能置之不理的问题”。

察觉式提问的诀窍是话题不停留在“现在”的时间节点上，避免让客户觉得“现在没什么特别的困难”，把和客户的对话转向“未来”。

几年后你想达到什么样的状态，与之相比，现在的状况怎样？或者说，现在的问题明明以前就已经认识到了，仍旧放任不管真的好吗？想象未来，并从未来的状态倒推回现在的状态来考虑，潜在的问题也会变得明显起来。

把视角转向未来，之前提过的“开场白”也特别有效。以“如果……”这样的句型，就能更好地使话题转向未来。

前几天进修过的G公司，虽然比其他公司率先开发了创新服务，但是由于概念太新，客户因不能理解而感到烦恼。这种情况再怎么努力介绍服务，客户都容易产生“不知道现在是否需要”的顾虑。用“如果……”这样的句式来进行察觉式提问，并练习角色扮演，渐渐地引入新的服务。诸如“谢谢，现在没有困难的事”之类的典型的表示拒绝的情况，也会因此而开辟一条生路。

创建针对性提案

对于客户而言，我们的价值主要是解决问题。从重申问题到提案之前，有一个非常重要的技巧。

这就是能给出提案（解决方案）的“关联式提问”。

通过察觉式提问，我会用自己的话告诉那些已经意识到事情严重性的客户，如果我的提案解决了问题，会对他们有什么影响。

例如，对于因不能填补3亿日元差距而深受困扰的客户而言，给出提案（解决方案）的关联式提问可以这样说：“对于在中期经营计划中定下的目标数字，还没有确定用什么样的经营战略。如果与本公司的合作，能够填补这3亿日元的战略呢？”如果客户积极回应“这个对我们帮助非常大”，也有助于推进我们的提案。

目前为止，已经对解决问题式流程中重要的4种提问方式进行了解说，分别是“掌握现状的提问”“深入式提问”“察觉式提问”和“关联式提问”，大致的对话模式如下图所示（图4-9）。我们可以看到，重要的信息都是随着与客户的对话推进的。

根据解决问题的流程展开交谈，就能使谈话内容朝着双方所希望的方向推进。

最终，客户采纳了提案，成交率也会显著提高。

步骤	会话例文
把握现状	贵公司最近的目标客户是哪个年龄层的呢？ 我们公司暂时还没有具体到目标群体，还是考虑一下目标的概念比较好……
深入挖掘	确实是这样，能再详细地说明一下吗？ 最近，客户的回单率下降了，虽然我们想采取一些补救措施，但是年龄不同，喜欢的东西也不同啊。
引起注意	原来如此……如果没有锁定目标群体，这种状况一直持续下去，会对贵公司产生什么影响呢？ 如果回单率下降，就必须进行新产品的投入，媒体宣传的广告费用也会增加，利润率也会大幅缩水。
构建关联	那样的话，如果以某个年龄层为目标来提高回单率，会对贵公司带来怎样的影响？ 如果限定目标能够提高客户回单率的话，我们会将此作为公司的整体策略更明确地展开实施，真是太好了！

【图4-9】灵活运用解决问题式提问

第4章总结

- ☑ 客户因信息差对销售员不满，大致集中在两个方面：第一是缺少对“客户公司目标”的了解，第二是对“客户公司当前的困扰”了解不够。
- ☑ 大部分销售员，在没有真正了解客户需求的情况下，就草率地给出了提案。
- ☑ 在均势状况下，要从戒备心强的客户那里得到关键的核心信息，基础水平的提问力分为“吸引和破冰”“切入式倾听”“深入的倾听”“具体化的打听”4个环节。
- ☑ 解决问题式提问的四个流程：“把握现状”“深入倾听”“察觉式提问”“关联式提问”。

第五章

拉近与客户关系的价值诉求力

为何需要价值诉求力

在第四章，我们已经对提问力进行了解说，就算销售员明确知道“自己想要的信息”，但客户能不能传达信息给销售员，那就是另一个问题了。在均势案例中，多数客户很难清晰地传达信息。

让客户认为“自己传达的信息是有价值的”，这才是销售员必须做的。那么，给予客户期待和信赖，告诉客户“与本公司合作的公司，很多是与贵公司相关的行业，所以有信心满足贵公司的需求”以及“处理这类业务时，本公司已经完全掌握可能出现的任何风险。所以放心交给本公司吧”，让客户知道自家公司能为他们效力，如此一来，销售员就能进一步地展开商谈，得到更多的信息。

“询问客户”其实就是“向客户借钱”。“提供给客户价值性意见”就是给客户“贷款”。这样看来，这种借贷关系是需要一个平衡点来维持的。如果销售员“借”得太多，客户就不会很情愿地交换信息。相反若“贷款”太多，客户向你透漏的信息将会过剩。为了得到客户的青睐，销售员需要应用“价值诉求力”。

“价值诉求力”是一个“推动因素”，它能加深销售员与客户之间的关系。

能否与关键人物和决策者见面；能否从“交易关系”中跳出，成为客户“可信赖的合作者”；为了超越这些屏障，销售员需要发挥价值诉求力。

取得客户的信任，了解客户的烦恼，整理问题和明确问题的根源所在，为客户提供价值性意见。如果客户采纳你的意见，那么自家公司就能排在候选榜的第一名，只要客户在公司内部的书面请示得到批准，这单业务就能顺利拿下。如果客户在收货时都能认同你所带来的价值的话，那么“下一次的订单”也会想要与你合作。

看清楚“自己到底给客户带来多大的价值诉求”是非常重要的。销售员非常注重“达成目标”和“获得订单”，只看重销售业绩，与客户之间产生分歧的可能性就大。比如，竞争对手是一直以来最熟悉不过的老对手，那么单刀直入地向客户询问“候选公司中，本公司排第几名”也是一个不错的方法。

我为一家公司制订了为期6个月的培训计划，最终获得了订单。实际上，这家公司对比了多家才决定与我合作。在确认目标后，销售员每两个月询问客户“需要约谈事项的排名”，在半年内，就能得到数次的反馈。要对反馈的结果做透彻的分析，让参与培训的客户都明白。因此，销售员需要观察“客户对自己的看法”，这对提升业绩也是非常有帮助的。

价值因人而异

在第三章里我介绍了客户因对销售员不满而取消订单的问卷。43.7%的人选择了“感受不到销售员的个人魅力与价值”，这就是价值诉求力不足的表现。那么“魅力不足和没有价值”的具体含义是什么呢？实际采访客户所得到的答案如图5-1所示。

从图上显示的回答特征来看，对于价值诉求力不足的原因没有过度偏向于某个回答选项，而是分散于所有选项中。那么，如何让客户认可销售员的价值呢？作为前提，我们需要思考“什么是有魅力的”“如何让客户觉得有帮助”等问题，

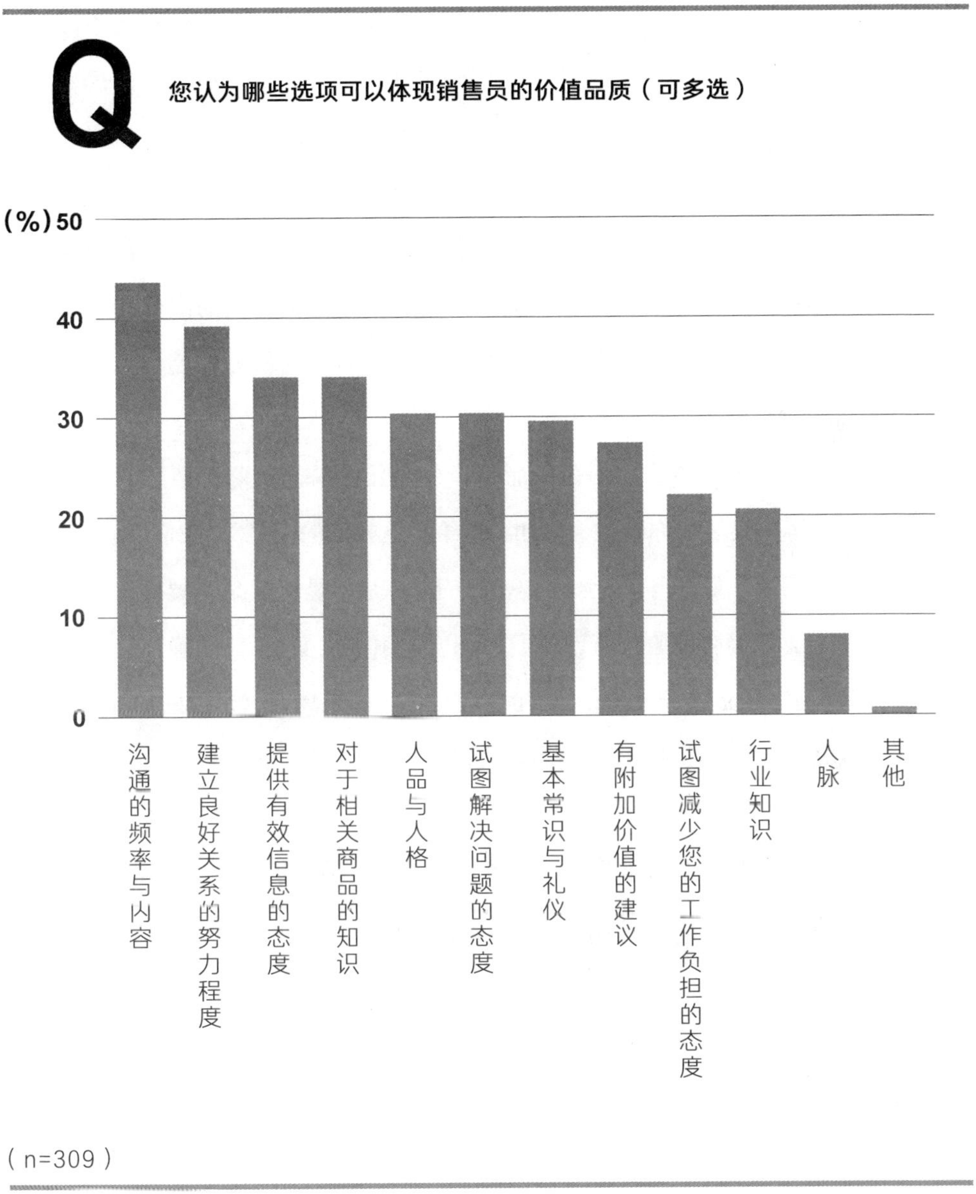

【图5-1】价值因人而异

引用：使用明路模板的网上调查　2017年11月　TORIX调查

就算是同一家公司的客户，职位和立场不同，对于“价值”的评价也会不同。就像“虽然科长负责时，是这样理解的，但到了部长那里，就变成现在的思考模式了”，一个人的价值观会随着职位的变化而变化。作为销售员，你必须对这方面相当敏感。

另外，作为销售员，处理业务时，你有没有察觉到“客户协调自己上司一起加入业务商谈中”“早于其他公司告诉你相关信息”“与你见面的次数比其他公司多”这些变化呢？其实这些都代表了客户的态度，对你的依赖程度，你在客户心里的优先顺序的变化。

因此，我们要捕捉客户“对价值感受产生变化的瞬间”。“价值感受产生变化的瞬间”就是客户突然找你帮忙，比如“请给我这方面的信息”“我们面谈吧”“开始抱怨其他公司的不好”等。让我们思考一下，“是不是因为某个契机，客户认为你的建议或者业务很有价值，所以他们的态度发生很大变化”。明确这里的价值是什么，并且加强这部分的价值诉求，能拉近与客户的距离，这是很好的加分项。

此外，常反思自己提供的价值能否真的满足客户要求也是非常重要的。许多销售员在客户不满之后才做出弥补，已经为时已晚了。销售员必须确信自己“在为客户做事情”，“有什么需求或者需要改善的地方，请告诉我”。客户非常满意的话会说“没有没有，你做得很出色”。有时，客户还会向你透露他所认同的价值，这对于销售员是非常有用的信息。

我曾经在高中和大学做过推销和电话销售的兼职。直到25岁创业时，才第一次亲自对客户公司进行销售。当时做的最多的就是收集客户的反馈，坦白说，那时候我连对客户需不需要自己的销售都没有概念，也不确定自己的方法是否正确。

每一次结束商谈回到公司后，都会打电话向客户致谢：“感谢您百忙之中与我见面。可否告诉我，今天商谈时，如果满分是一百，您觉得我的表现是多少分呢。”

我记得客户给出的反应大多是一脸苦笑或不做评论，亲切回答问题的只占两成。

可能有人会觉得，“一脸苦笑或不做评论”不是很理想，但是如果5个电话里，有一个客户给予回馈，对于当时的我而言就是非常大的激励。就算客户有什么不满，大多不会说出来。所以在当时的我看来，客户的反馈都是非常宝贵的信息。

从那之后我变得自以为是，而且在电话的最后还会问“说实话，有没有像我这样询问自我表现的销售员呢”。客户们都会笑着对我说，“会问这种问题的，也只有高桥先生而已呢”。当时的我，虽然没怎么接到过单子，但妄想着“只要坚持这样向客户们询问反馈，总有一天我也能出人头地”。不过那也是好几年之后的事情了。

现在我会更加机智地向客户寻求反馈，比如“感谢您今天抽空与我会面。在刚才的商谈中，可能因为时间关系或者什么难处无法开口，我想知道您的一些需求和反馈”，在公司内部，我也设定了一条规则给我的成员。那就是，在均势案例的竞争中，“初次拜访后的第二天，最迟也要在两天内拿到客户反馈”。

价值四象限

价值诉求中最重要的就是要拥有许多对策。每个人的价值观都不同，销售员如果能有多方面的价值诉求方法，客户对你的需求度就会变高。

那么，让我整理一下销售员能提供给客户的“价值”吧。市场用语里，存在着“功能价值”“情绪价值”这两个用语。功能价值是指“大脑所认知的价值”，例如，感觉有用、方便等。情绪价值是指“内心所认知的价值”，例如，良好的印象、特别的意义等。

当指定横轴为功能价值的思考轴，竖轴为情绪价值的情感轴时，本章开头提及的问卷中的客户心声，可以如下页图那样进行分类（图5-2）。

下方的部分为功能价值与情绪价值都不高的区域。销售员需要做的是减轻客户负担的“劳务提供”，以及适当且适量地为客户提供信息的“适量沟通”。

劳务提供是什么呢？比如，客户需要在公司内部制作的一部分资料，由销售员来代替制作。或者，如果销售员负责提供商品给店长和业主的话，那么，无关自身的工作，还可以协助商店运营，参与内部工作，这也属于劳务提供。

“好感”“同感”与情绪价值直接相关。良好的商业礼仪、人品与人格直接影响客户的好感度。不仅如此，与客户之间有了更深的同感，关系更加亲密，客户对你的印象进一步加分，会把你当成“可达成任务与目标的坚强后盾”。

向功能价值诉求的是“信息提供”“人物介绍”。将准备好的行业知识和商品介绍提供给客户，让客户满意，这也是一项价值诉求。此外，由于行业和商品资源的不同，销售员也可以把自己丰富的人脉介绍给客户，有助于得到客户的信任。

“附加价值”“提议”这两项都需要有高层次的情绪价值和功能价值。对客户而言，只要是有意义的行动，比如，有附加价值的建议、有创意的点子，或者“这样做会更好”之类的提议，都会让客户感到欣慰。

在此，我把客户对价值的感观分成四个象限，但是，站在销售员的角度来看，一口气包揽所有事项，也未免太强人所难了。特别是让经验尚浅的销售员给予“附加价值”“提议”，这绝不是一朝一夕可以做到的。所以，首先要了解自身比较擅长哪方面，之后再逐步提升其他技能。

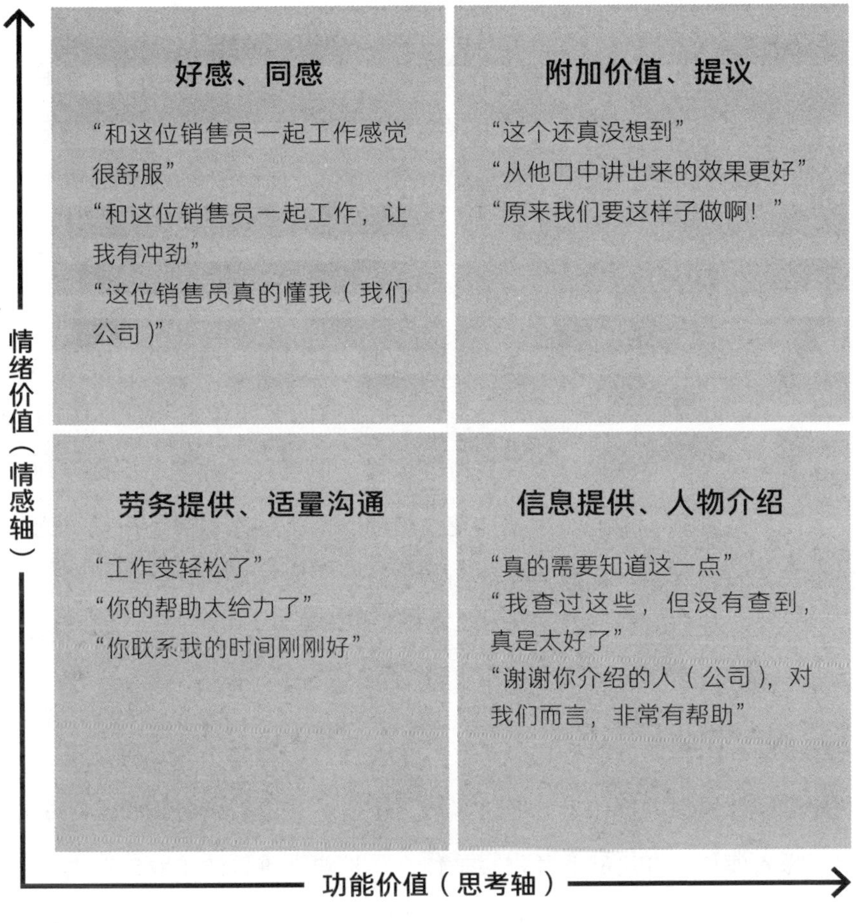
好感、同感
"和这位销售员一起工作感觉很舒服"
"和这位销售员一起工作，让我有冲劲"
"这位销售员真的懂我（我们公司）"
附加价值、提议
"这个还真没想到"
"从他口中讲出来的效果更好"
"原来我们要这样子做啊！"
劳务提供、适量沟通
"工作变轻松了"
"你的帮助太给力了"
"你联系我的时间刚刚好"
信息提供、人物介绍
"真的需要知道这一点"
"我查过这些，但没有查到，真是太好了"
"谢谢你介绍的人（公司），对我们而言，非常有帮助"
情绪价值（情感轴）
功能价值（思考轴）

【图5-2】价值四象限

劳务提供和适量沟通

在价值诉求里，比较容易做到的是“劳务提供”“适量沟通”。为了减轻客户的负担，销售员多花些时间沟通，把握好沟通的次数与时机，这都是客户乐意看到的。可是，那些“顾问”可能产生“劳务提供本就是一种劳动，没有价值可言吧”，或者“适量沟通是应该的，不需要强调什么‘价值性意义’吧”这样的疑问。

当然，从“价值”方面来说，这两项对客户的影响可能不会那么大。但对于销售行业的新手而言，“劳务提供”与“适量沟通”就是他们的武器。

在我25岁创业的时候，接触过一些上市企业。我的业绩和服务都没有很出色，所以与上市公司员工的商谈，多少让我有些惶恐。但与我会面的，都是策划部门的员工，我隐约察觉到，他们每天都要花大量的时间去制作资料。所以，为了拿到提案的机会，我将客户公司制作文件的范本资料，制作成有用的幻灯片，尽可能忠于客户给的资料格式，包括字体的类型、大小、图形颜色、幻灯片的动画效果，发送给客户后，得到了一定程度的好评。

因为我协助客户制作资料，拿到了好几个大规模的新订单。也就是说，这些订单是“通过劳务提供的价值诉求”带来的。不过，在进行劳务提供与适量沟通的过程中，深入理解“客户的业务内容是什么”是非常重要的（图5-3）。我们觉得很好的内容，客户可能完全不会在意，或者与客户联系的时机不对也会打扰到对方。

请大家回想一下，之前提到的“客户与销售员之间的信息差”。请仔细了解客户的业务内容是什么，业务的流程是怎样的，然后将业务分解，找出让客户感觉有负担的部分，以及具体需要怎么做。此时，发挥提问力中“对隐藏背景的提问”，客户的业务进程就变得清晰可见。

例子：订单负责人的一系列业务

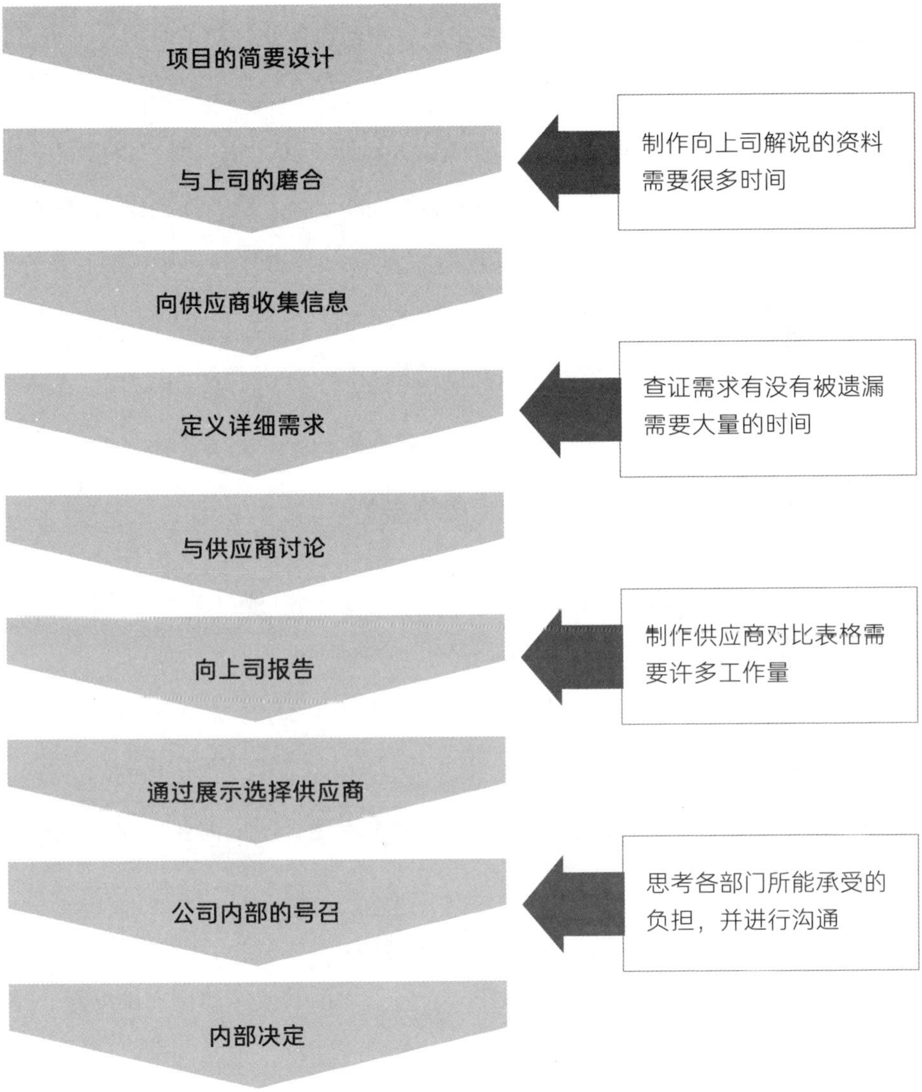

【图5-3】理解客户的业务内容，做好“劳务提供”与“适量沟通”

了解客户的业务流程后，熟悉客户定期举行的会议日程，也会有意想不到的效果。在开会前，大多数客户都有要报告或未完成的工作，在会议结束后，小组内一定会有一些需要去做的事情。尤其注意客户忙得焦头烂额的时刻，不可否认，这对于销售员来讲，是能帮助客户的大好时机。

记得前几天为某公司做咨询，我访问该公司的采购负责人时向他请教“从采购员的视角是怎么看待销售的”。印象最为深刻的一句话是，“逊色的销售员总是在不当的时间里跟我们联系，反过来我们需要销售员的时候，却总是联系不上。我们讨厌这种事情发生，所以，我们会主动联系他们，共享定期会议和制作资料日程”。这是价值诉求消除客户与销售员的信息差的一个典型例子。

提高好感和同感

劳务提供与适量沟通可以减轻客户的负担，这是销售员对客户的价值体现。那么，在加深这种关系的前提下，如何提高“好感”和“同感”呢？

正如我之前所说，商业礼仪与人品/人格非常影响客户对你的好感度。关于礼仪当然需要顾及客户感受，款待他们，人品/人格在短期内是没法提高的，作为销售员不能为了弥补自身缺点就急功近利，欲速则不达。所以需要先在与客户的对话中，提升同感度。

作为提示，这里需要用到大名鼎鼎的“周哈里窗”概念。此处的要点就在于，“双方都不知道的事情”。只要共享秘密，人与人之间的关系就会立即变深。举个例子，为何与在高中时一起做过坏事的好朋友如此亲密，那是因为，知道那小子做过的“错事”，这种羁绊让双方的关系变得很深。如果运用在销售活动里的话，那就是“与客户共享双方不知道的事情，加深彼此的关系”。只要持续这种共享关系，同感度也将上升。

关于商业活动中的“周哈里窗”与“共享秘密”的内容，可以借鉴下图（图5-4）。“周哈里窗”的4个窗需要按照“开放我”“隐藏我”“盲目我”“未知我”这个顺序排列。用销售员与客户的关系来进行思考，从“开放我”开始。

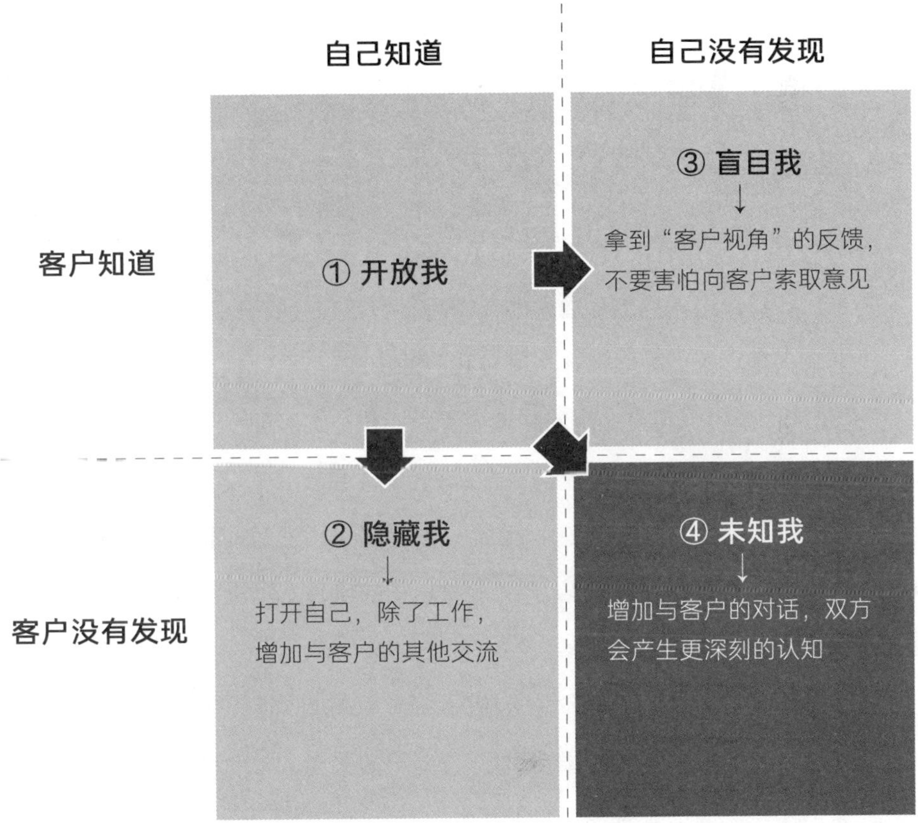

【图5-4】扩大“周哈里窗”，用“自我公开”的心态去提高同感层次

假设客户（负责人）的上司是一个急性子，时常会问“结论呢？结论呢”。这一点甚至连销售员和相关工作人员都非常清楚。于是销售员与客户就开始讨论上司。

“您的上司是一位急于求成的人吧？”

“是啊。”

此时，销售员需要打开“隐藏我”的窗户，从自己开始，展示给客户不知道的事情。

“其实，可能您有所不知，虽然我的上司外表看起来不像，但也是一个急性子的人呢。”

“咦，真的吗？”

“那我们向上司报告的时候，都很辛苦啊。”

客户在听到你坦率说出身边人的秘密后，自己也会打开心扉。

接下来，客户就会为你打开“盲目我”的窗户。

“说起来，我家上司在上次的会谈中保持沉默，结束后，他向我反映贵公司提交的资料里，他有一些不同的看法。”共享秘密（重要信息）之后，销售员与客户之间的关系就得到了进一步加深。随着关系的加深，通过对话，双方也能更清楚以前不了解的事情。这样就开启了“未知我”的阶段。如此一来，客户与销售员的关系就会接近“伙伴”关系。

我不推荐与客户的对话那么有心机，只要好好地理解“周哈里窗”的概念，注意做好“共享秘密”，就会有助于加深与客户的关系。

之前，在与经常见面的客户的闲聊中，突然向我爆料说：“其实，我喝酒后会发酒疯……”“不好意思，这种话本不应该向作为工作伙伴的你透漏的……”虽然看起来跟工作毫不相关，但是，如果客户与你的关系亲切到可以向你倾诉自己的烦恼，那么同样在工作上，“双方可以做到深层次的交谈”，这就非常有意义了。

“5个C”做好信息提供和人物介绍

进行销售活动时，时常发生一些复杂的状况。比如，负责人出现了调动，或者有多个负责人，没法与特定的负责人建立友好关系。

在这种情况下，只要熟悉客户手上的信息，销售员就会想到，“提供此类信息会有利于客户”“只要介绍这类人物，客户就会感到高兴”。

这是在价值诉求里，销售员能做到“信息提供”“人物介绍”的大好机会。

为了思考客户需求而提供信息和介绍人物，销售员需要掌握“5个C”的信息来源。

普通的商业工作中，我们经常会听到“3个C”：

分别代表了“客户（Customer）”，“公司（Company）”，“竞争对手（Competitor）”除了这“3个C”以外，还需要知道“客户的客户”“客户的竞争对手”，这样就变成了“5个C”（图5-5）。

销售员想要提供某些信息和介绍某些人物给客户，想要讨好客户的时候，在“5个C”里，需要思考对于客户而言“他们想要的是什么”。

比如，对“客户”而言，他们更乐意接收一些在了解过“客户组织内部发生的情况”的基础上提供的信息。

关于“客户的客户”，与客户有关联的是“上家会展开怎样的战略和方针”，因此提供关于这类的信息才是对客户有效的。

说到“客户的竞争对手”，就需要重视“客户的基准点在何处”。比如在与厂家的客户进行销售时，如果让客户知道你“与丰田有合作”的话，客户就会出奇

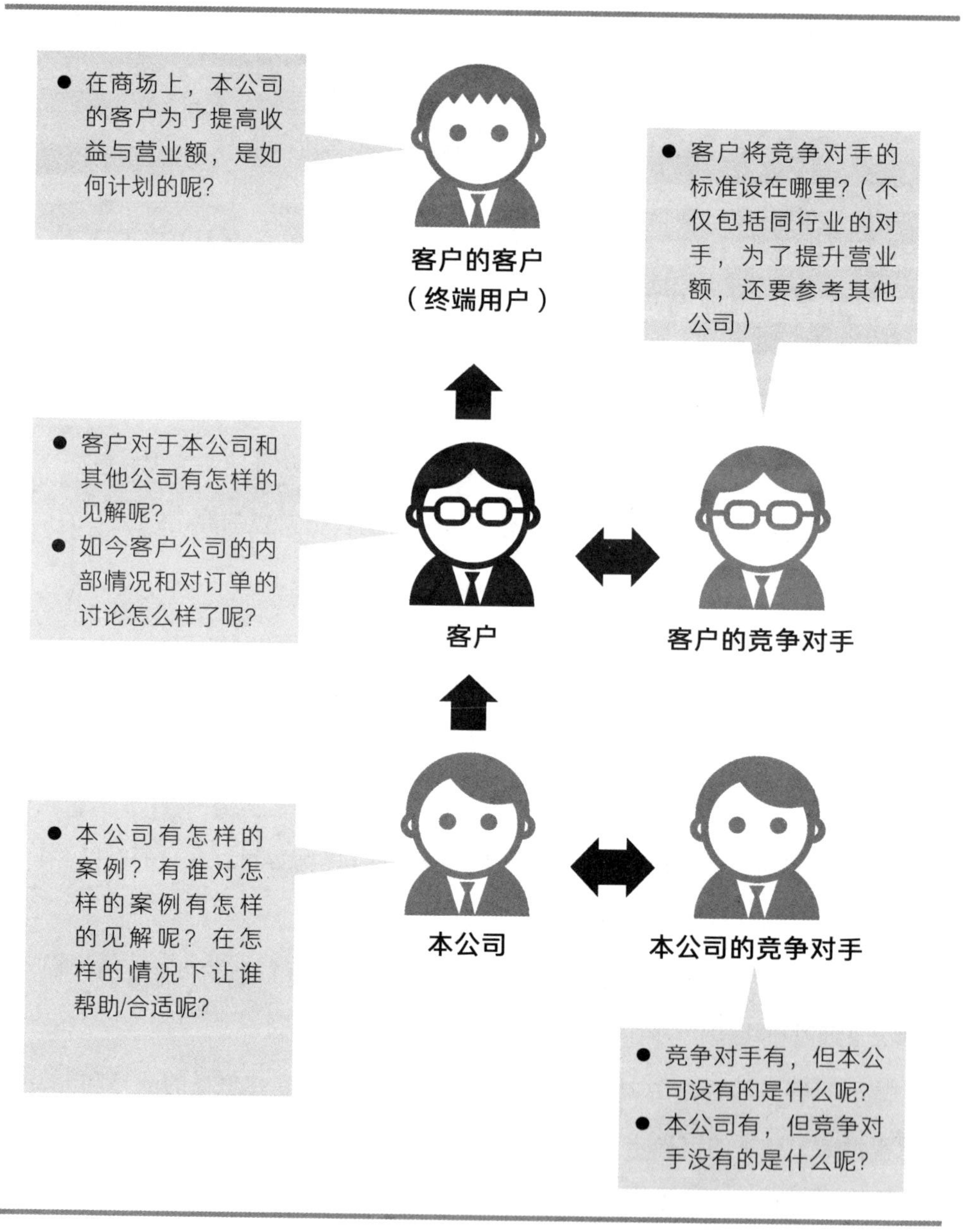

【图5-5】从“5个C”的观点，提供信息与人物介绍

的热情，态度也会很好。这是因为，在厂家的行业里，有许多公司都很在意丰田的所作所为。还有，从“竞争”的视角来看，“竞争对手有，本公司却没有的”与“竞争对手能给予客户的，本公司却未能给到的”，这些都是需要重视的。

关于“本公司”，还需要了解“公司内有怎样的案例”与“应该借用公司内部哪些人的力量才能让销售活动圆满成功”等事项。

如此，通过准备好“5个C”来自行思考“框架”，就能轻而易举地完成信息提供与人物介绍。虽然，最近有许多很方便的自动化行销工具，但作为一名出色的销售员，做到定期为客户提供个人有效信息，也是不可缺少的。

特别值得一提的是，对于很多客户有疑问的回答，或者客户需要的信息，在客户接受的前提下，我们最好能养成把这些信息资料都储存下来的习惯。

本公司的客户大多都是企划职位的工作人员，他们都喜欢阅读商业书，所以，在我的记事本中，都会保存那些针对不同状况、不同问题，需要“推荐给客户的参考书籍目录”，其中每一本书都记载了书名、作者、购买URL、书籍的内容简介和个人推荐。这类文件的使用频率是非常高的，如果能将其范本化会更方便。

提升附加价值，优先解决客户难题

价值诉求中，难度最高的就是“附加价值”。不仅要知道客户的期望，还要知道客户现在的困难以及处理方式，不然就会变成你认为有新意有价值的方案，对客户而言，“这种方案早就听过了”。

有些人认为“具有附加价值的提案”就是“需要新颖的点子和创造性的想法”，但是如果完全偏向于新颖，就很危险。因为销售员与客户之间存在着巨大的信息差，需要先确定“哪些困扰客户的问题还没解决”，把主要精力放到这方面才是最重要的（图5-6）。

问题	重要度	紧急度	竞争情况	客户对竞争对手的满意程度	本公司可以提供的服务
XXXXX	高	低	XXXXX	◎	XXXXX
XXXXX	低	高	XXXXX	○	XXXXX
XXXXX	中	高	XXXXX	◎	XXXXX
XXXXX	高	中	XXXXX	△	XXXXX
XXXXX	低	低	XXXXX	△	XXXXX

【图5-6】对于客户来说很棘手，竞争对手做不到但本公司能处理的事是什么呢？

我想不用说都知道，这里提及的“困扰客户的问题”指的不是个人的问题，而是上升到组织层面的问题。在第四章里已经说过，许多销售员都未能正确了解组织单位的问题，需要与客户磨合，而且这件事本身的难度也是颇高的。

12年前，对某IT公司的策划，我与20家公司进行大规模的竞争，以失败告终，对于我而言那是一场非常遗憾的体验。由于当时能力不足，客户没有将最终的赢家告诉我，我用尽所有关系，花了3个月才找到答案。

我找到了将我打败的H先生（女士），直接约了他（她）见面。他（她）对我说，“啊，那个项目啊，因为太多复杂的问题，所以我改变了提问的内容。”

也就是说提案内容并非客户需要的，而是询问客户“真正重要的问题不应该是这些吗”，以此提醒客户没有发现的问题。

我瞬间茅塞顿开，当时，我能遇见的只有案例的代理负责人，所以针对代理负责人讨论并制作出的建议委托书，我采取了正面回应。

H先生（女士）也是一样，他（她）没有遇到决策者，而是与代理负责人进行讨论，最终制作出了方案，大家都是处于同一条件的。然而不同的是，我是按照客户提示的信息进行提案，而H先生（女士）则是优先处理客户难题，思考客户不满意的是什么，让自己提升到“附加价值”的层次。虽然这是一次苦涩的体验，却是一项很宝贵的经验。

价值诉求力升级

不同于提问力，价值诉求力需要通过时间的积累，感觉到客户开始一点一点对你敞开心扉，这种感觉很重要。对价值的看法因人而异，有些客户会觉得，为他们提供劳务帮助就已经非常欣慰了，而有些客户非常看重销售员能不能站在他们的立场，与他们产生同感。关于“怎样才最能体现你对客户的价值”，虽然没有正确答案，但迄今为止，与3万以上的销售员打过交道后，发现高水平销售员从“无的状态”下，完成向高层次价值的诉求，是有一些规则存在的。

对高水平销售员而言，“无的状态”代表自己还是新手的时候，在与新的客户打交道的时候，需要注意些什么。

大多数销售员都是通过劳务提供与适当沟通来接近客户。原因是做这类事情的难度低，只要愿意花时间，就算还没有构建好关系的客户，也能拿来实践运用。但是，如果只凭这几种对策，没有后续工作，在客户看来“只是多谢你帮助我做这些事情”，就没下文了，而我们的时间也白白浪费了。这么说是因为，劳务提供与适当沟通确实需要大量的准备与实践。

做到劳务提供与适当沟通后会更加了解客户的业务内容，也更有机会获取竞争对手不知道的信息。在此阶段，需要“提供给客户有用的信息”“介绍相关人员，愉悦客户”，逐渐转移到信息提供和人物介绍。尤其是信息提供，就算发送给客户的有效信息是在自家公司内共用的信息，客户也是非常乐意笑纳的。

但是，只是一味地提供信息，客户也只会说，“谢谢你的信息”，之后变得越来越敷衍，信息内容也越来越没有意义。因此需要经过反复提供信息后，确定“客户对哪种信息感兴趣”“这是为何”，直接提供给客户附加价值与建议。

请看下图（图5-7），“劳务提供、适当沟通”→“信息提供、人物介绍”→“附加价值、提议”是从上而下的走向，这也是销售员自身“价值诉求升级”的走向。

支撑这条竖线升级的，就是“好感、同感”。比如与客户的好感度提高，建立了能感同身受的关系，这条竖线就能顺利升级。

之前遇见的销售员I先生/女士非常出色，由于自身的能力较强，也受公司领导重视，被公司安排负责与大名鼎鼎却最为棘手的J公司进行商业洽谈。

一开始I先生/女士未能与客户构建良好的关系，所以只能一直提供劳务。虽然J公司的生意规模很大，但对销售员的要求出了名的高。“帮我做这个”“帮我制作这些资料吧”，J公司的要求是永无止境的。

3个月的高负荷劳务提供之后，I先生/女士虽然不知“何时才能结束这种劳动”，但中途他/她发现，可以从“只有自己才能注意到的”角度出发，抢在J公司提出要求前建立了一套提供有效信息的流程。

两个月后，J公司迎来了相当重要的大型活动，此时，I先生/女士在提案里加入了附加价值，刚好被J公司看中，双方一拍即合。从那时起，双方的关系也有了很大改变。I先生/女士在半年的努力中，一直抱着“不管客户有多严厉，自己都要当面拜访，增加交流，建立关系”的态度。

这就是刚才图表中讲到的价值诉求循环一直运作的成果。

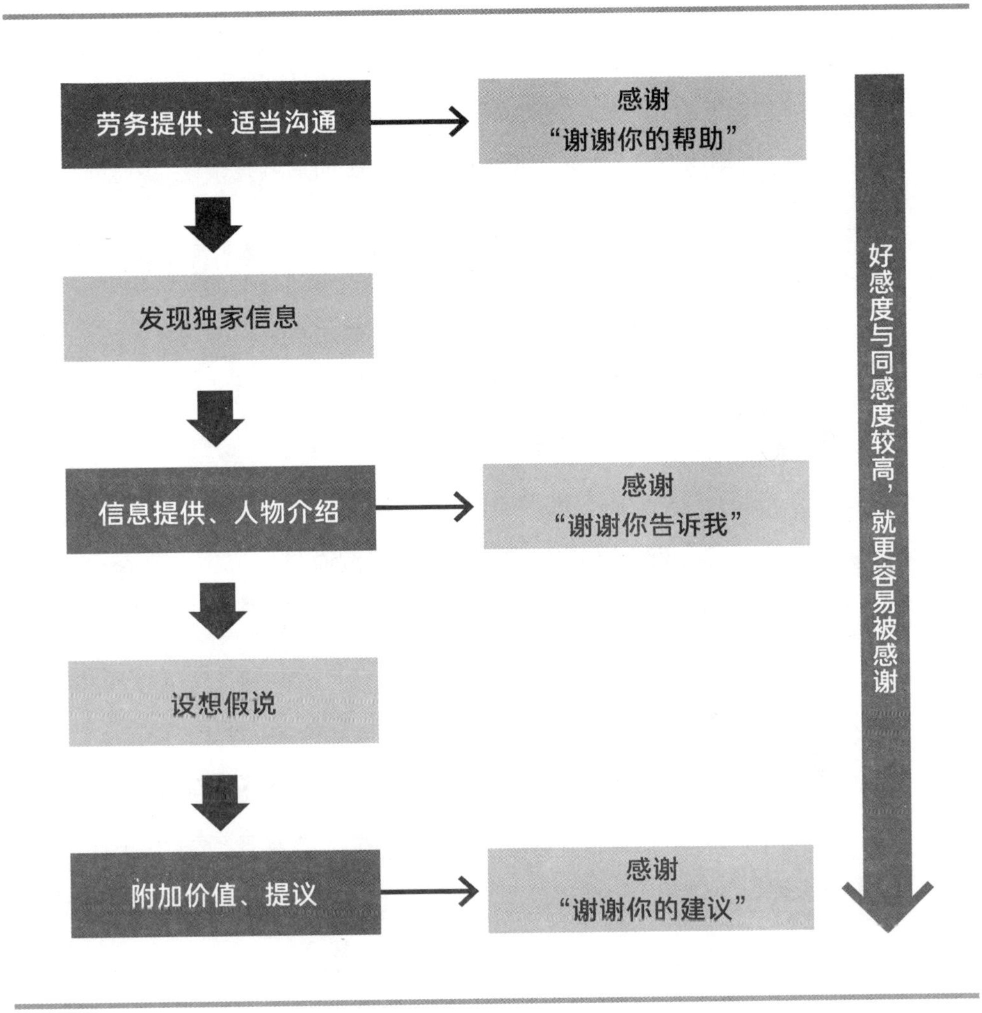

【图5-7】如何升级价值诉求力

第5章总结

- ☑ 发挥提问力，但总是问不到更深层的问题，此时就需要有效利用价值诉求力。运用价值诉求力，使客户与销售员的关系更亲密，对话也会变得更简单。
- ☑ 对客户不满的原因里，“感觉不到销售员的个人魅力与价值”等价值诉求力不足的回答占多数，这些回答并没有极度偏向某个选项，而是均匀地分布在各类选项中。大多数的客户不会主动说出自己的不满，所以需要多聆听客户的反馈。
- ☑ 了解价值诉求的四个象限，增加自己的手段

  （1）难度低，实行简单的“劳务提供”“适当沟通”

  （2）对情感价值奏效的“好感”“同感”

  （3）对技能价值奏效的“信息提供”“人物介绍”

  （4）情感价值与技能价值都需要做到高层次的“附加价值”“提议”
- ☑ 出色的销售员提升价值诉求的流程，是将“同感、好感”作为润滑剂，支撑“劳务提供、适当沟通”→“信息提供、人物介绍”→“附加价值、提议”这条流水线运作。

第六章

促进订单成交的逻辑力

提案里的分歧

随着提问力和价值诉求力的提升，销售员和客户的关系会越来越牢固。与客户的信息差可以通过提问来弥补，销售员对明白事理的客户的情况做出判断，提供让其欣喜的价值性信息，经过进一步提问，得到客户的回馈，再次进行价值诉求；以此循环，客户就会认可眼前这位“善解人意”的销售员。

不过，最重要的是被认可之后的行动。作为销售员，得到客户的认可后，还要尽快完成提案，这就需要提案的“逻辑力”。

在第三章中已经介绍过，客户对销售员不满，从而取消订单的问卷，其中选择“不按客户的要求给出提案”，占37.2%。那么，这些销售员们到底缺少什么呢？

下页的图（图6-1）给出了原因：超出半数的分别是“客户不认同销售员的解决方案”的选项，占61.7%，“不了解公司的现状和问题”的选项占56.5%。这些也反映了消除与客户的信息差的重要性。接下来就是“对价格的不认可”占47.8%，“销售员没能给出解决方案和回答”选项占32.2%，然后是“销售员提供的信息量太少”占21.7%。所以，在书写提案报告时需要注意：“对于业务的吻合度”“对于问题和状况的理解度”“费用与效果的对比度”“对策方案”这些因素都非常重要。

值得一提的是，“销售员说的强项无法让人信服”“跟别家公司的提案没有太

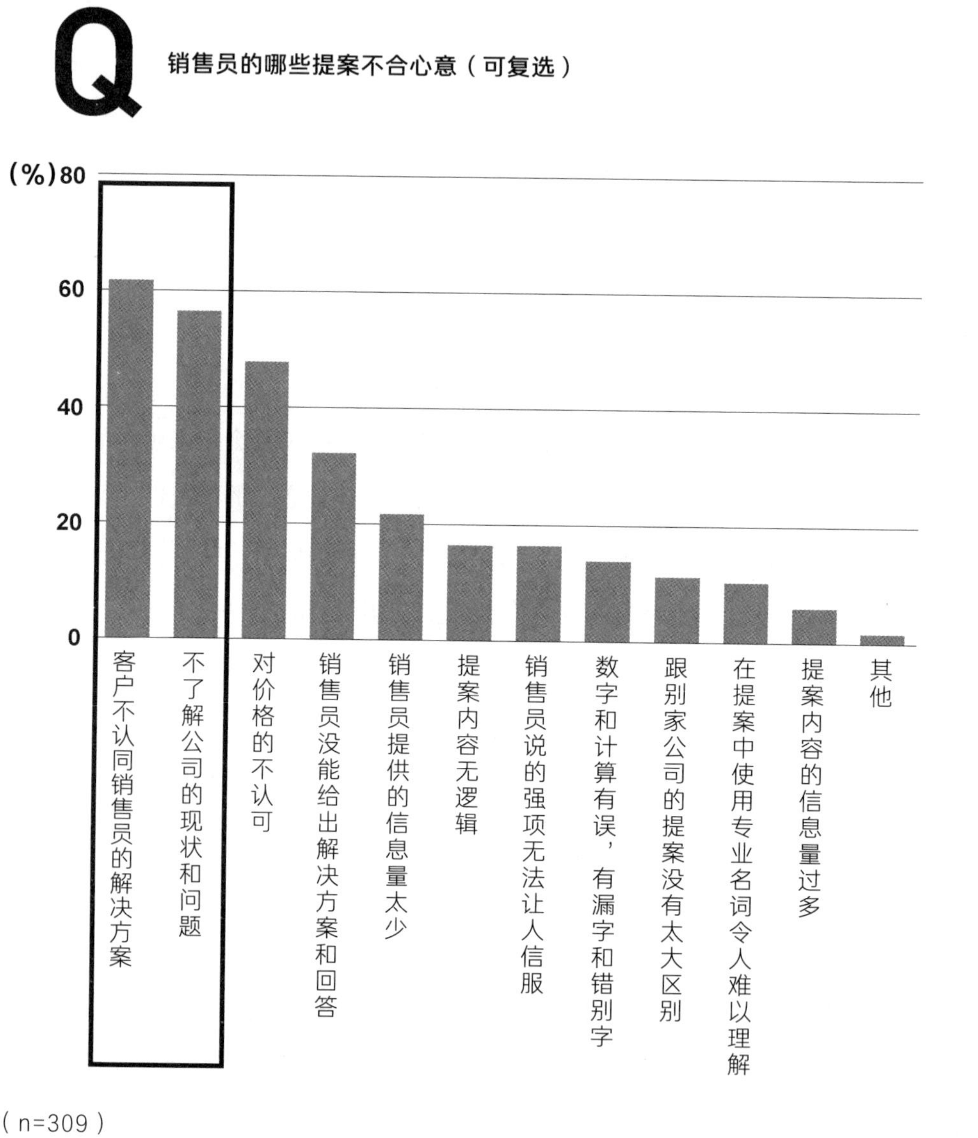

【图6-1】“分歧”——让客户失望的原因

引用：利用明路（Macromill）模板互联网调查　2017年11月　TORIX调查

大区别”这些选项的回答少得令人意外。所以，一定不能过度强调自家公司的独特性和差异化因素，反而忽略对客户的理解。

出现分歧的原因

作为公司的经营者，需要每天从众多公司中选出好的商品和服务，提案里有“分歧”，自然就“不想买单”。

相反地，作为买家的客户也有自己的“难处”，比如客户想以什么样的方式合作、最主要的顾虑、预算、后期的服务等，由此可见，如果一开始销售员就死心眼地想着“尽快让客户跳入自家公司的方案里”“把客户带入赏识自家公司提案的套路当中”的话，造成的结果就是，“与客户想要的提案产生分歧”（图6-2）。

比如，就市场部和人事部等购买预算充足的计划部门而言，他们的职员可以收到许多公司带来的销售提案机会。客户抱怨最多的就是“接收到的提案跟范本没什么差别”。“对于所有公司都是统一回复”的模式，根本没有解答自家公司的问题，交接时传达过的要求也没有回应。作为计划部门，需要一整年都接收这些“范本提案”，有一些提案，甚至粗心到把公司名写成另一家公司了。

在提案中，“由信息差所导致的分歧”是最容易出现的。如果客户很明确告诉你他想要的目标，接下来的合作就很容易执行。但是，眼前的客户是“还没想好”“坦白说，没怎么思考过”“自己一个人决定不了”这类情况的，就算向客户提问也没结果，或者，对话过于散漫导致双方的商谈没办法前进。

在这种情况下，就算把提案交给客户，他们也总有种“有点不一样”的违和感（分歧）。那些不知道自己需要什么的客户，在与销售员商谈后，希望销售员深度地理解并认知自己的需求。因此提出解决客户问题的提案，需要对客户的需求和难处做出整理并进行“倾听”和“可见化”，最重要的是从客户的烦恼和问题出

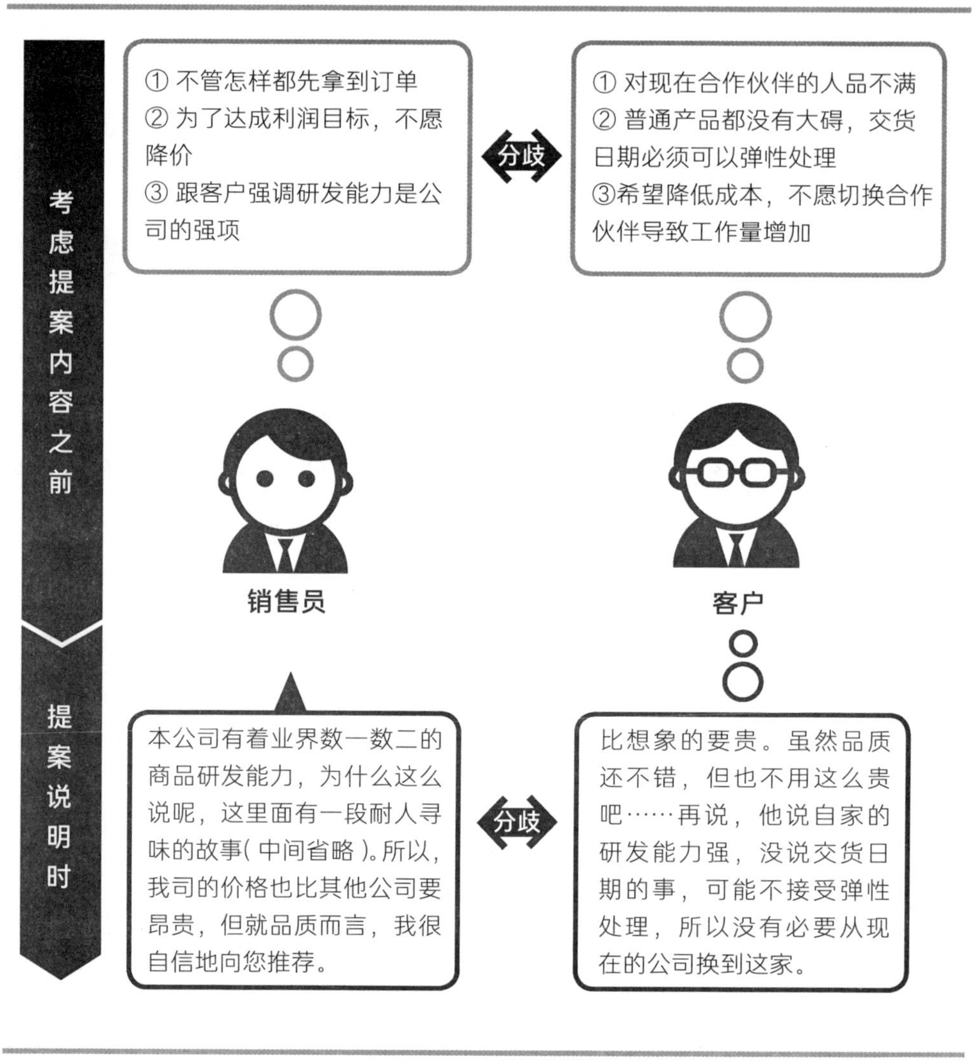

【图6-2】无视“分歧”而进行商品说明，提案的内容更容易产生“分歧”

发给予提案。这就是“提案的逻辑力”。

用逻辑力推进商谈（基础）

在起初的“引导性聆听”阶段，提问力和价值诉求力是非常重要的。通过提问力和价值诉求力的来回接应，引导出客户需求后，进入“总结性聆听”的阶段。

总结性聆听的目的是确认“客户的需求后，有没有具体说明，有没有遗漏，优先顺序是否正确”以及“BANTCH信息有没有遗漏”（图6-3）。

在第二章里，已经详细讲解过BANTCH的含义。“B”为“Budget=预算”，“A”为“Authority=当权者”，“N”为“Needs=方案与需求”，“T”为“Timing=行程”，“C”为“Competition=竞争”，“H”为“Human Resources=人员体系”。

完成“问题的关键词化”与“BANTCH的确认”后，进入下一个阶段，就是可以对客户的要求以及自家公司的提案做出调整。

销售员为了拿到订单，重要的一点就是在交出有分歧的提案前，加入“确认是否符合客户”这一步骤。这样，就算客户没有正式接受提案，他们都会认为“这位销售员是很善解人意的”。

不仅如此，销售员把客户事项整理好，客户就能够轻易地在公司内部说明“这次采用的提案能为大家解决这个问题”。

防止提案产生分歧，需要在整理事项后给客户提案。

实行“公司应对提示”时，销售员有必要提示客户，双方有多么的志同道合，客户的需求我们都可以满足。

作为提案的逻辑力的基础，整理事项后做出提案是极其重要的，它的作用非比寻常。

目的	对客户需求的不明确，进行“聆听”和“可见化”整理，让提案更加符合客户要求，从而解决问题			
阶段	① 引导性“聆听”	② 总结性“聆听”	③ 确认事项	④ 公司对策
要点	**发挥提问能力** □ 听取客户的需求，客户难以开口时帮助对方 **发挥价值诉求力** □ 销售员的价值诉求能力能让客户觉得他们可以把深层问题透露出来	**问题的关键词化** □ 销售员的问题可以确认到关键词化的三个要点：具体化，遗漏点，优先顺序 **BANTCH的确认** □ 确认BANTCH的信息没有遗漏（预算、事项决定者、需求、时间、竞争、体系）	**整理事项** □ 整理事项时，销售员要确认客户接受与否并做出调整 **抛出论点** □ 提出一些事项的遗漏点和优先顺序的疑问，让客户也能察觉到	**解说提案的框架** □ 一边确认客户对公司的理解程度，一边解说提案 **商谈收尾** □ 对照BANTCH信息，揪出妨碍一锤定音的因素
经常出现的失误	□ 客户不能完整地传递信息，销售员也无法应对 □ 只能一直“聆听”，没有价值性诉求的余地	□ 无法关键词化，话题散漫 □ BANTCH信息（预算、事项决定者、需求、时间、竞争、体系）有遗漏	□ 事项整理时没有确认客户是否会接受的情况下，提出公司提案 □ 没有提出事项的遗漏点和优先顺序的疑问	□ 没有确认客户的理解程度，单方面解说 □ 没有对照BANTCH信息查出妨碍因素，没有确认客户对提案的感触

【图6-3】提案的逻辑力（基础）：领悟此项技能的要点“实行事项的整理和调整，根据客户的问题进行提案”

事项整理，让提案可见

客户找外部下订单时，自己的“问题和要求”没有被整理过这种情况往往比想象得多，所以帮助客户进行整理是非常受客户喜欢的。

接下来使用下页图（图6-4）来对事项整理进行解说。

这张图表的左半部是客户的要求事项，“想要达成的事项”“想要解决的问题”。右半部分是销售公司给出的提案，“自家公司可以给出的提案”。整理事项时，不用马上写出自家公司的提案，只要在左边部分先给客户一一列出问题，然后再做调整就已经足够。

一开始制作这张图表时需要注意的是，把客户现在有的问题“关键词化”。

听取客户的话语，“这次我们烦恼的是这个，还想加入这些元素在里面”，把问题和烦恼写出来，一一确认并且进行整理。当销售员逐个与客户进行谈话后，客户会轻易地意识到“跟自己的销售员商谈时，自己的问题可以得到整理”（或者，把客户的问题和烦恼写在眼前的白纸上也是不错的）。把关键词全部列出后，确认客户的问题和烦恼已经“全面”地浮出水面，并检查有没有遗漏。与客户确认过的事项“到底意味着什么”，接下来要做的就是把这些关键词具体化。

比如从客户那里得知，“希望加强管理技术和员工培养”，这就是客户的要求事项。销售员就需要提问（聆听）“您可否说得具体一点”，然后客户就接着回答说“为了能高效率地转移权限和培养员工，我想让我的副手学习必要的技能”，这就是客户的具体回答，那么客户其中的一个要求事项就被整理了。

通过这种模式，把客户所提出的要求事项无遗漏地关键词化，随后以提问（聆听）的方式把内容具体化，这样客户的烦恼和问题都变得一目了然。

对于这些事项，销售员如果做好“解决方案”，如“本公司拥有这样的对应方案”，

确认全面感

确认优先顺序

	这次的要求	具体内容	公司对策
1	管理技术的加强	转移权限给自己的部下，并学会怎样高效率培养他人的技巧	设计教育计划，含有高度实践性和临场感丰富的演习与教导方案（附上实践教材）
2	确保讲师	考虑到开设多班课程，需要聘请经验丰富的讲师	雄厚的师资群体（提示实际的个人资料）
3	费用	对应预算	制作阶段性报价的选项
4	制作阶段性报价的选项	因为涉及的对象人数有许多，所以对于课程介绍，事前事后课题，和所有职场里会发生的问题都需要得到协助	提示经营方面所需要的事项，计划行程一览和自家公司的协助要点
5	培养领导能力	不要在前线埋头苦干，需要激起各自的组织能力用经营方的思考方式去牵引团队	为了培养员工的未来意识，参照贵司的经营宗旨，创造提高员工眼界的机遇和方案

【图6-4】事项整理：自家公司的提案可以对客户的问题和要求做出回应

那就更加理想了。

如此一来，客户也能更加理解自己的要求事项，也更能对公司上层进行说明。那么，当要求事项的“关键词”“具体内容”，以及对这些问题的“解决方案”都清晰后，要做的就是把它们变得简单易懂。

确认过问题的关键词已经毫无遗漏后，需要考虑哪一个事项是特别重要的。这就是“确认优先顺序”。在图表里，从上到下代表了优先顺序的高低。显而易见，越高就代表越重要。

这样看来，只要在整理事项上与客人做好沟通，提前防止向客人做出提案时产生“分歧”，那么销售员拿到订单的机率也可以有大幅度的提升。（图6-5）

本公司的员工一直都是没有销售经验、对销售行业不熟悉的人群。他们需要一边开拓新业务，一边维持公司整体的高订单接受率。不用和我一同拜访客户，他们每个人都可以独当一面，接订单的成功率也颇高。在这背后，就是因为他们非常注重整理客户的要求事项。

在公司内部，有一个规则就是“如果拿到订单，从最初拜访后的两天内必须把客户要求的事项做好整理，发送，并与客户做好沟通、调整”。

通过SFA（销售协助系统），凡是提案中的商谈，大家都可以“看见”客户的要求事项是否在预期中得到实施。

客户觉不觉得“这个销售员非常善解人意”就取决于整理客户要求事项做得好不好了。我们觉得它是绝对需要用时间去投资的，并且还是非常有价值去做的一件事情。因此我们才会如此花费心思去做。

基于需求事项的新发现

下面，我们来考虑客户会用非常暧昧的语言来形容自己的难题。例如，制造

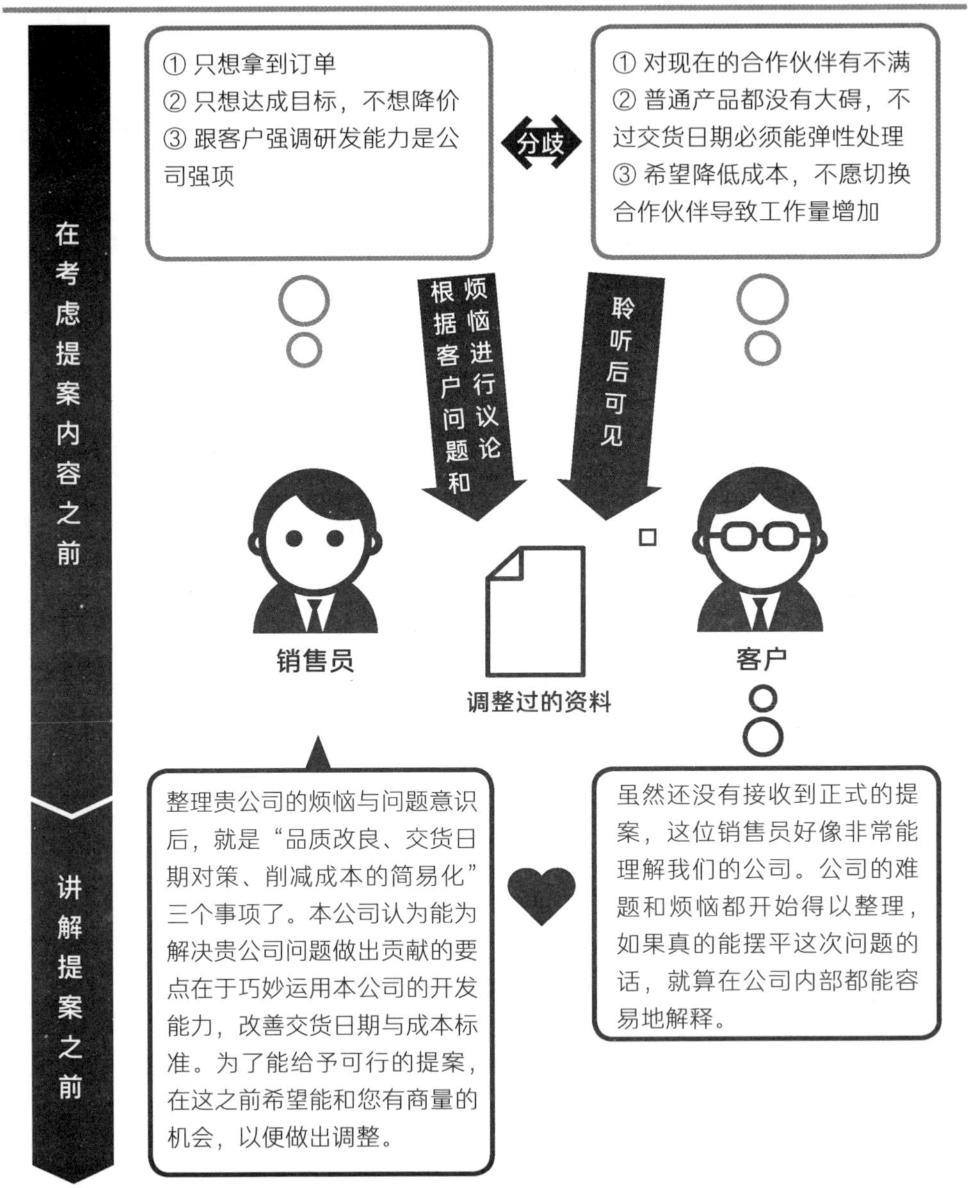

【图6-5】让客户的想法可见，说出自家公司的提案可以与客户的想法产生共鸣的理由，积极调整，防止分歧，最终提升订单成交率

行业的客户会说，“没有什么是不重要的，生产的灵活性、对应策略、价格，通通都很重要”“都很要紧”“只要快（又便宜）就好了”。

要知道客户也是在百忙之中抽时间来思考下订单的事情，所以，最初向我方提出的要求事项有可能没有充分准备好。

这个时候，就要用到提问力和诉求力了。

先通过提问，确认“全面感”“具体化”和“优先顺序”（图6-6）。

不过，客户不可能直接回答你的提问，所以需要用到诉求力，让客户可以跟你一起思考，这是最好的应对方法。

事项整理的讨论如果运用得当，销售员就可以给客户留下深刻印象，与客户间的信赖度也迅速提升。

整理事项时，销售员需要注意的是，把整理好的资料发给客户后，单单提问客户一句“对于这个问题我的理解没错吧”，客户回答说“没有问题”，然后就没有后续了。

客户还没有把自己的问题和需求整理好，销售员就不再跟进，很有可能因为客户在公司内发生一些状况，或者竞争方也对他们的提案做出修改，而自己却没有及时得到消息，最终没能拿下订单。

所以，在整理客户的事项后，跟客户沟通确认时，不单单需要“我们达成共识了对吗”这一句话，而是“经过全方位地深思熟虑，这里好像遗漏了”“这里或许还要更加具体化一点”“这个优先顺序有点不清晰啊”等建议。

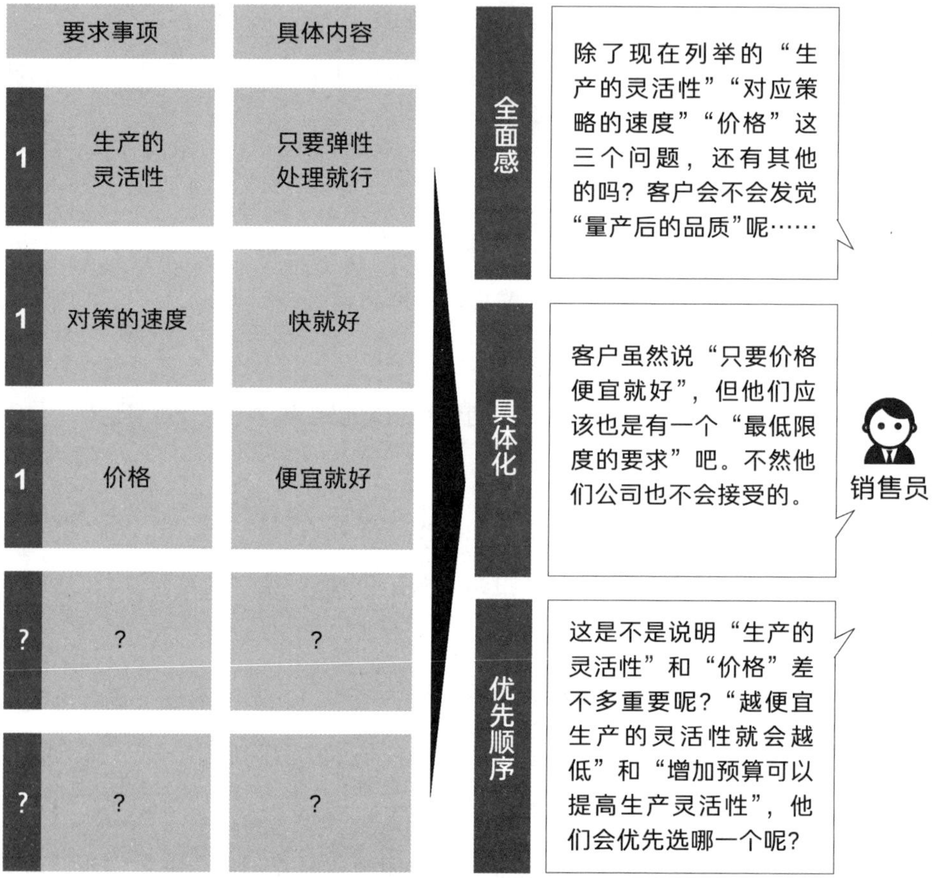

【图6-6】提问可以有效地把客户要求的“全面感”“具体化”和“优先顺序”变得清晰

需求整理的第二步

如果是难易度不高的均势业务，巧妙运用提问力和诉求力，做好客户要求事项的回应，按照逻辑力的基础提议，让客户产生“选择自家公司”的想法。

但是,有时候也会发生像“客户已经与竞争对手走得非常近,需要把客户抢过来”这种高难度的业务。这种“高难度的均势业务”就算你满足了客户的要求事项,他们也会倾向于竞争对手(图6-7)。如果想要击败对手,就要用到更高级的对策。

那么,接下来就是逻辑力的进阶使用方法。

用逻辑力推进商谈(进阶)

在进阶篇里,前半部分的“引导性聆听”和“总结性聆听”都与基础篇一致(图6-8)。

不过,在进阶篇的后半阶段里,比如“客户有常年的合作伙伴”等状况下,会有一个步骤是基础篇没有的,那就是“怎样将现在的劣势情况颠倒过来”。

现在的客户“非常倾向竞争对手的方案”,在这种不利的情况下,直接对客户做出提议的话,结果一定是对手占优势。

所以,在“与对手扯平”这个阶段里,需要改变这个不利于己的前提。通过“提醒客户”来让客户自己再次对这单业务进行思考。

在此阶段该怎么提问,我们已经在第四章讲过了。在这里让客户发觉“就现在的状况而言,继续进行这单业务是好还是坏,前面的方法是否可行,可能还有遗漏或者优先顺序需要再做修改”,那么目的也就达成了。

通过提问,客户如果进入“觉得不能草率地在当前的状况下做出决定,需要再做思考”这种模式的话,那么机会就来了。

看准客户再三思考业务的时机,向客户讲述自家公司的强项,让客户产生“纠结心理”。作为客户,他们会有“有一家公司作为保险进入这单业务里,也没什么大碍”的心理暗示。只要拿到这个位置,在最后阶段的“逆转局势”中,把握好

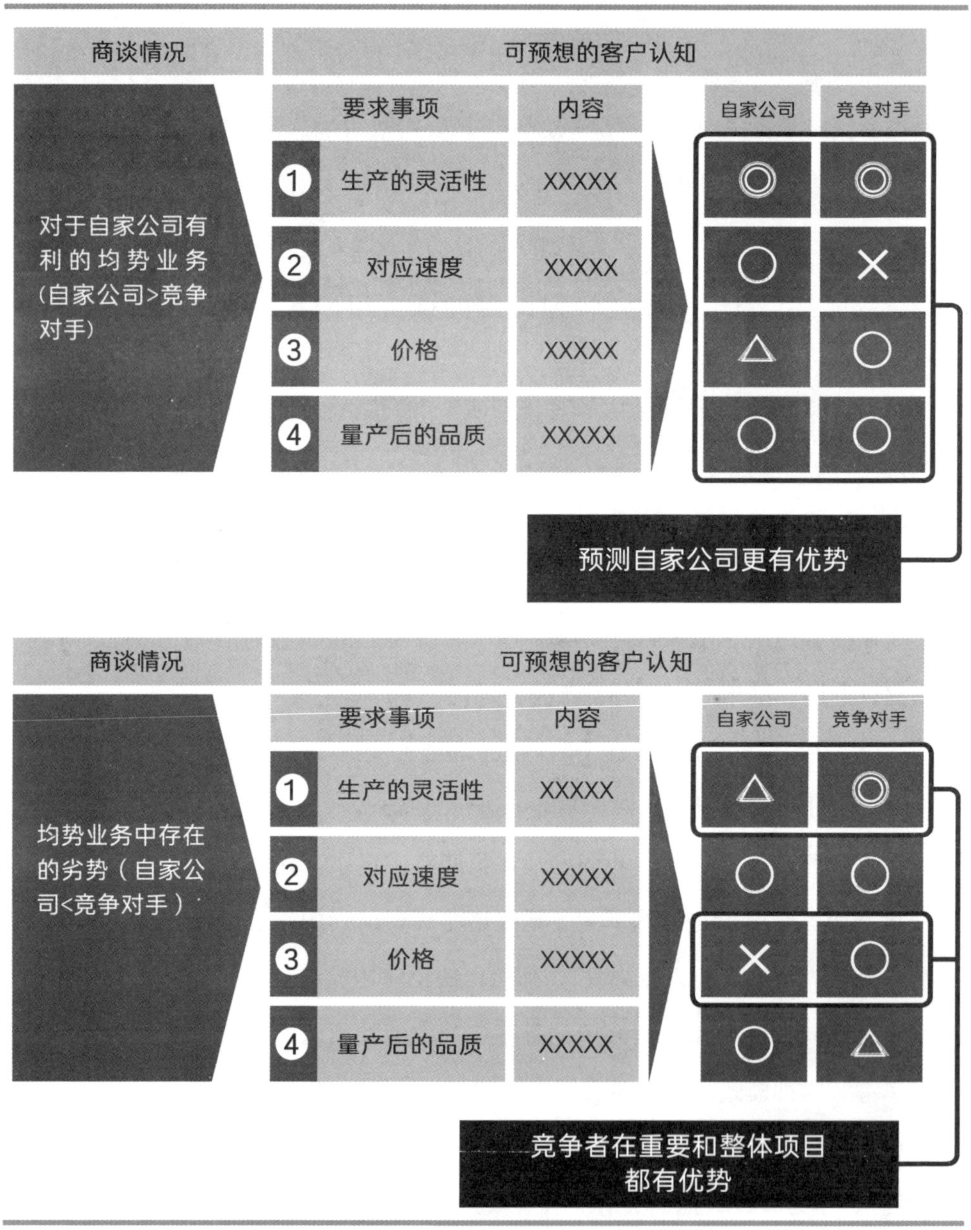

【图6-7】单靠应付客户要求是无法赢得订单的

目的	在劣势情况下，分析客户决定成交的逻辑，让客户感受到选择自家公司的提案是最合理的。			
阶段	① 引导性“聆听”	② 总结性“聆听”	③ 赢得竞争对手	④ 逆转胜负
要点	**发挥提问力** □ 提问出客户的难处和问题，如果客户不能很好地回答，销售员需要协助客户 **发挥价值诉求力** □ 挖掘客户深层次的顾虑	**问题的关键词化** □ 确认自己的提问包含关键词化的三要点（具体化，遗漏，优先顺序） **BANTCH的确认** □ 确认BANTCH没有遗漏（预算，事项决定者，需求，时期，竞争者，体系）	**提醒客户** □ 提问业务的遗漏点和矛盾点，让客户自行发觉疑点 **附加事项** □ 告诉客户竞争对手做不到而自家公司做得到的附加事项，让其心服口服	**确定竞争对手与自家公司的差距** □ 评估自家公司的弱势和竞争对手的优势 **逆转局势的价值诉求** □ 告诉客户自家公司也可以达到竞争对手的水平，弱化自家公司的劣势
常有的失败	□ 客户无法给予信息，销售员无言以对 □ 只有聆听，没有价值性的诉求	□ 无法关键词化，话题一直都在扩散 □ 关于BANTCH信息（预算，事项决定者，需求，时期，竞争者，体系）有遗漏	□ 提问无效，客户无法产生任何疑问 □ 没有告诉客户自家公司能做到的附加事项就开始讨论竞争事项	□ 没有从客户那里得到自家公司的负面因素或者竞争对手的优势 □ 否定竞争对手的优势，未能消除客户心中对自家公司的负面印象

【图6-8】提案的逻辑力（进阶）：技能习得要点“在劣势中，创造出逆转订单的逻辑”

与对手“单打独斗”的机会，就有可能翻盘。

当进行到“逆转局势”的阶段，如果是势均力敌，先要从客户那里得知，由于“自家公司提案的负面因素”和“竞争对手的正面因素”，自家公司可能会有被拒绝的风险。值得注意的是，如果在聆听客户过程中有遗漏的话，那将会是致命的失误。

然后，不停地再给予提案，一点一点抹去“自家公司的负面因素”和“竞争对手的强项”，从而缩短与对手的距离。

这样一来，客户也有选择自家公司的理由，“两家公司都很好，不知道该选哪个提案”，这时候只要消除掉客户的认知不合，比赛就结束了。

“逆转局势”阶段中，“对于自家公司负面因素和竞争对手的正面优势的应对之策”是最为重要的。接下来，我会具体地说明这个应对之策，不过现在作为解说的前提，让我们一起来了解“消除客户认知不合的方法”。

消除认知不合

在考虑下订单时有许多选择的余地，客户也会犹豫选哪个会比较好，这是一种“矛盾”状态。人在所掌握的许多信息里一旦产生矛盾就会想要正当化自己的想法，想方设法减少矛盾，或者消除矛盾。

这也是在第二章中所提到的“认知失调”。

比如，有一个客户在某公司下订单，结果他被另一家公司的销售推荐了另一份提案，而且客人对新的那一份也是接受的。于是，客户就在“新的提案很有魅力，不过还是有点怕啊”与“现在的下家虽然有地方需要改进，但风险低”之间动摇。

但是，客户总不能一直这样下去，“比起有合作的下家，新的那家的提案容易拒绝掉，不过他们的建议可以保存下来，然后悄悄地告诉现在的下家，我们也可以安心地下订单。新的那家就随便找个理由说不用就好”。客户会这样思考。

这里的要点就在于，“犹豫的客户会把自己觉得‘说起来简单的理由’正当化”。用容易拒绝人的理由，来拒绝容易被拒绝的人。

基本上来说，购买经验越长的客户越能“编出理由拒绝销售方”。所以，特别是法人销售，如果自己对于“客户选择你的理由”解释得不具体且不合理的话，客户就会觉得这位销售员很容易被拒绝，那样就会陷入危机了。

单靠客户欣赏销售员的人格魅力，从而让自己上司下订单是绝对不可能发生的。不过，“这份提案的费用与效果的对比是这样的，明显比其他几个选择要效果好”，以这种理由说明的话就很顺畅了。如果“客户选择自家公司这一举动是客观逻辑性非常高”的话，在他们的公司的内部决定中也能通过。

那么，怎样“让客户有选择自家公司的理由”呢?

这里需要以“对立逻辑”为基础的思考过程。

用对立逻辑增加竞争优势

除了自家公司的提案，还有“竞争”“保留”“内部制造”的一些选择。客户现在所拥有的选择非常有优势，自家公司陷入劣势的话，商谈成功的难度也变得非常之高。所以，就算使用基础篇所介绍的需求整理也不能获得胜利。

逆转劣势局面需要做到，使客户有选择自家公司的理由，从而消除让客户犹豫不决的认知不合。具体方法就是，做好对“自家公司提案的负面因素和竞争对手提案的优势因素”的解决方案。

在此，为了让复杂的状况变得容易思考，使两个选项有“对立模式”后，经过可见化并塑造成了“对立逻辑”。

我们可以参照图6-9按照对立逻辑的方法，继续详细解说提案的内容和整理评价方法。

作为基础过程，一共有3个步骤。

“步骤1”，按照“对立逻辑”，把“自家公司提案的内容”设为“认知A”，“竞争对手的提案内容”（或者保留，内部制造）设为“认知B”，这里的构造是不能同时采用A与B的。

“步骤2”的前半部分，列出客户采用认知A和认知B时的“肯定因素”（好处）与“否定因素”（坏处）。

有些时候，“采用A的否定因素”与“采用B的肯定因素”可能会有重复，但不会完全相同。不用太在意，只管写出来就好。

另外，“采用A的肯定因素”和“采用B的否定因素”都可以成为“选择自家公司的（认知A）理由”，这两个项目可以直接影响到“步骤3”。

在“步骤2”的后半部分，需要策划许多想法来消除“采用A的否定因素”，作为其对策，填入“对采用A的否定因素的对策”一栏当中。

另外，把消除“采用B的肯定因素”的条件和“只要A这样做就能享受到B给予的益处”的代替方案收集起来，作为融合B优点的方案，填写在“对采用B的肯定因素的对策”一栏。

“步骤2”的后半部分就是“消除自家公司提案的负面因素和竞争对手的优势因素”（内部制作，保留）的过程。

在此阶段，营造“让客户选择自家公司的提案（认知A）理由”的4个材料就全部集齐了。

在“步骤3”，把这些材料组合从而构造“客户选择自家公司（选择A）的理由”。

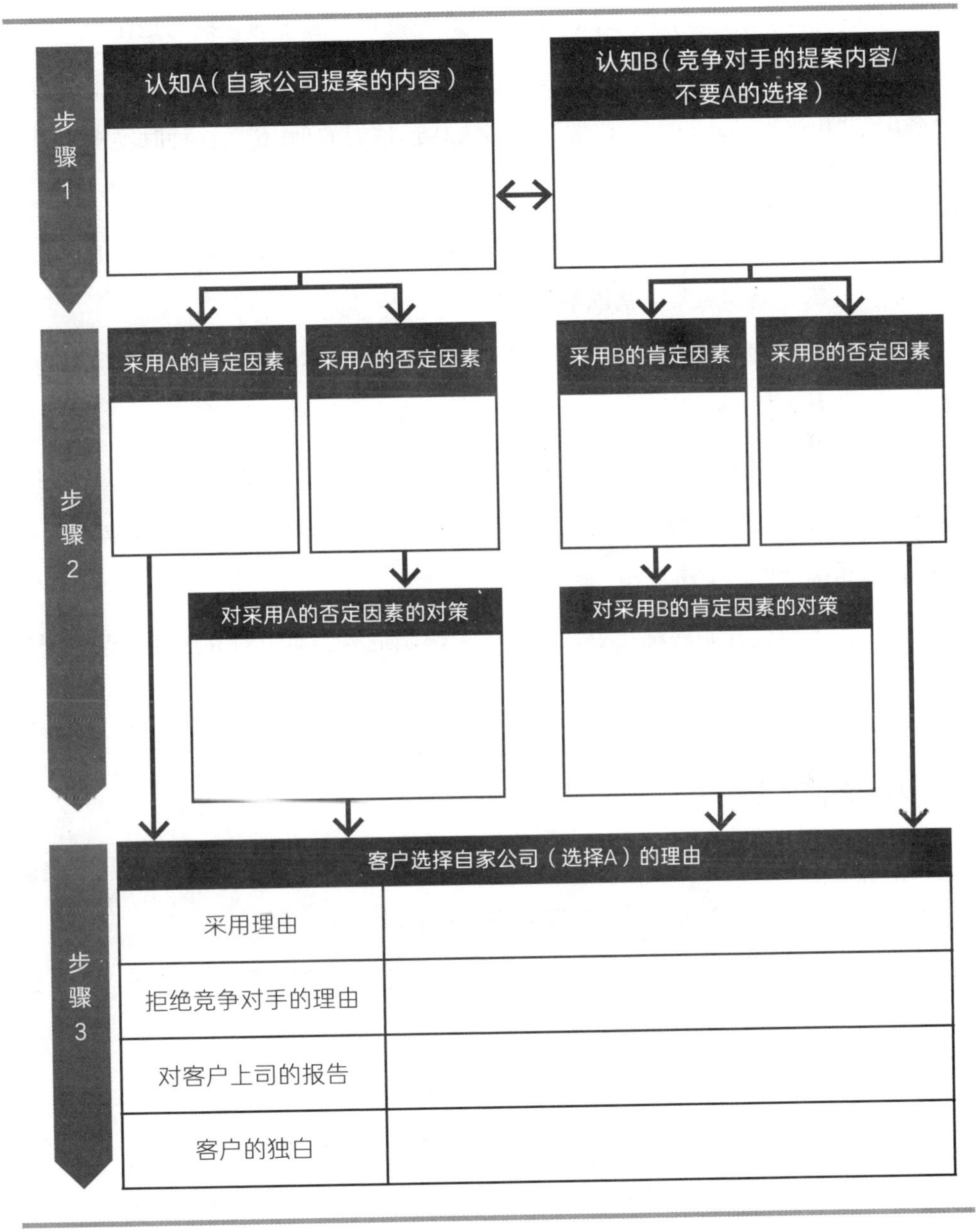

【图6-9】考虑“客户选择自家公司的理由”的框架

需要注意的是，所有的信息都是从“客户视角”思考的，特别是在写“客户选择理由”时，文章应该写成给第三者阅览用的文体。因为在法人销售里的均势业务中，“担当者（客户）一定要跟许多人传递他们的理由”，这种时候刚刚提到的文体就能立功。

更何况，这单业务现在需要放弃“之前的选择”，重新改选“自家公司的提案”，不做到“让人容易信服”那就说不过去了。

所以，为了“逆转竞争局势”（内部制造，保留）让“客户有理由选择自家公司”，我们需要四种不同的改变。

第一是“采用公司的理由”，第二是“拒绝竞争对手的理由”，第三是“客户对上司进行改选提案的报告”，以及最后第四的“担当者内心的独白”。如此，需要领悟客户的“表面说法”和“内心想法”。

那么，下面就开始解释竞争、保留、内部制造等，对于对立选择的逻辑制作方法。

为什么选择你

这个思考方式有3个步骤，我们根据实际规律来进行思考。这里制作的图表模型是顾问公司帮助客户的新型事业发展的一宗案列。

一开始，客户在两家公司的提案之间犹豫，就是“对手”模式。客户需要选择其中一家，拒绝另一家。

先从步骤1开始，把自家公司和竞争对手当作两种认知，填入相应的空格里。

步骤2，列出自家公司和竞争对手的“肯定因素”和“否定因素”，一共4个。写上消除自家公司“否定因素”的对策，以及自家公司对竞争对手“肯定因素”的补充方案。此时的要点就在于，客户在思考4个因素“自家公司的肯定性材料”“自家公司对于否定性材料的对策”“对于竞争对手的肯定性材料的对策”“竞争对手的否定性材料”时，不管提及哪一个因素必须自认“选择自家公司的益处大于其他家”。

步骤3，总结客户根据自身目的选择要求并进行应用的“4个理由”。

如此一来，就算最初是劣势，只要完成对立逻辑的图表，构造“客户选择自家公司（采用A）的理由”，那么就能与对手在“竞争”中逆转翻盘（图6-10）。

让客户现在做决定

就算没有竞争对手客户也会时常犹豫，像“可以之后再做，为什么是现在呢”这样的问题也会发生。在不跟其他公司比较的情况下，只有自家公司在做提议，客户决定订单“现在做或是不做”。客户会在“现在采用提案”与“现在不采用提案”之间犹豫不定。

这个也和步骤1里的认知A“自家公司的提议内容”一样，不过认知B就变成“现在不用下订单，延期再议”。

步骤2的框里，跟“对手”的意思是一样的，可以用以下4个因素：“采用A的肯定因素”“对采用A否定因素的对策”“对于采用B肯定因素的对策”“采用B的否定因素”。

在步骤3，组合这4个内容，还要把“采用自家公司的理由”“客户对上司进行改选提案的报告”“客户自己在内心所产生的对销售员认同的独白”写出来，就能构建出“不让客户延期保留，现在就跟自家公司下单”的理由（图6-11）。

优先内部解决

提议咨询以及给予外办性服务时，客户拥有“不需要外部订单、在内部解决”

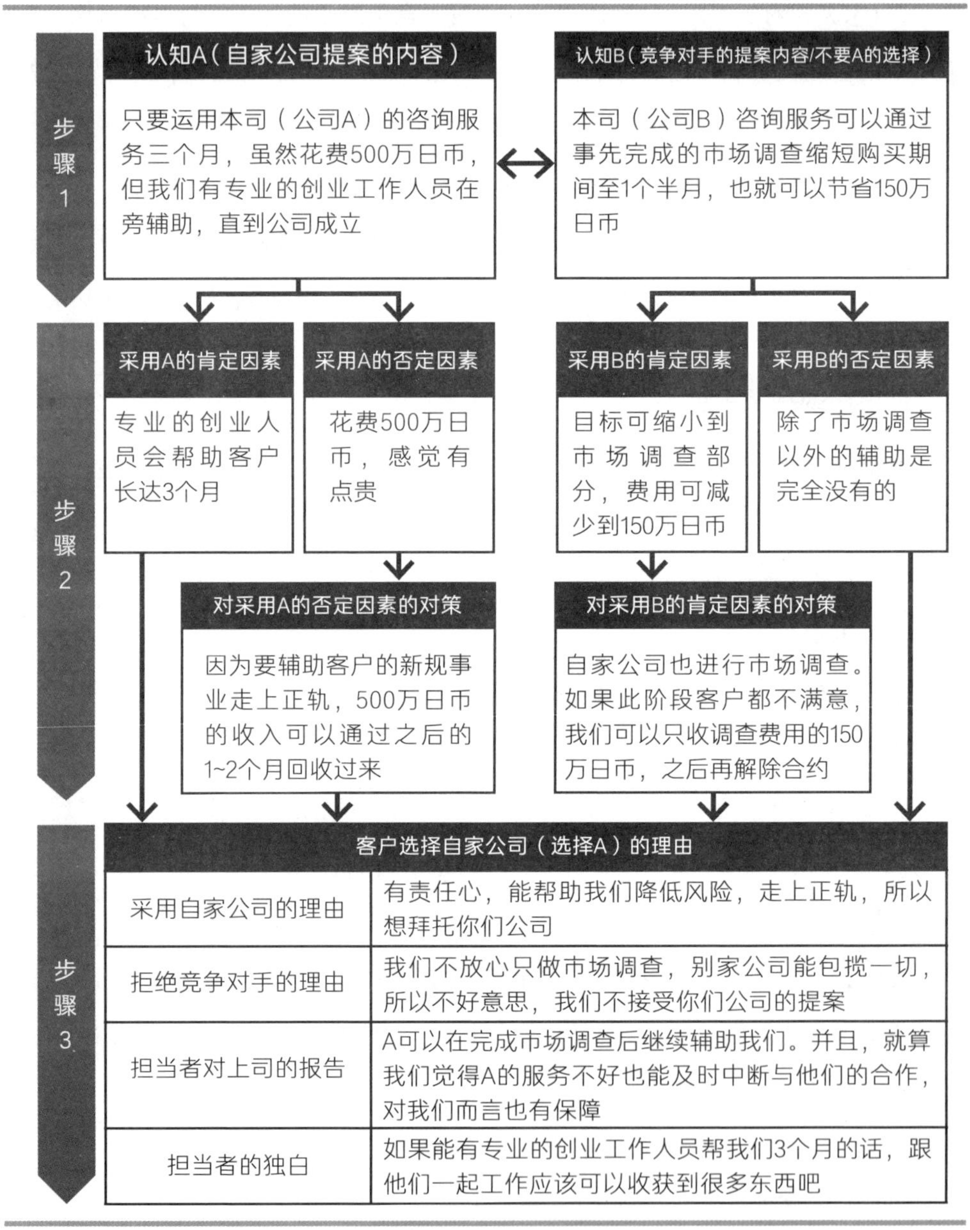

【图6-10】“有其他好的商品和服务，为什么还选择自家公司呢？”

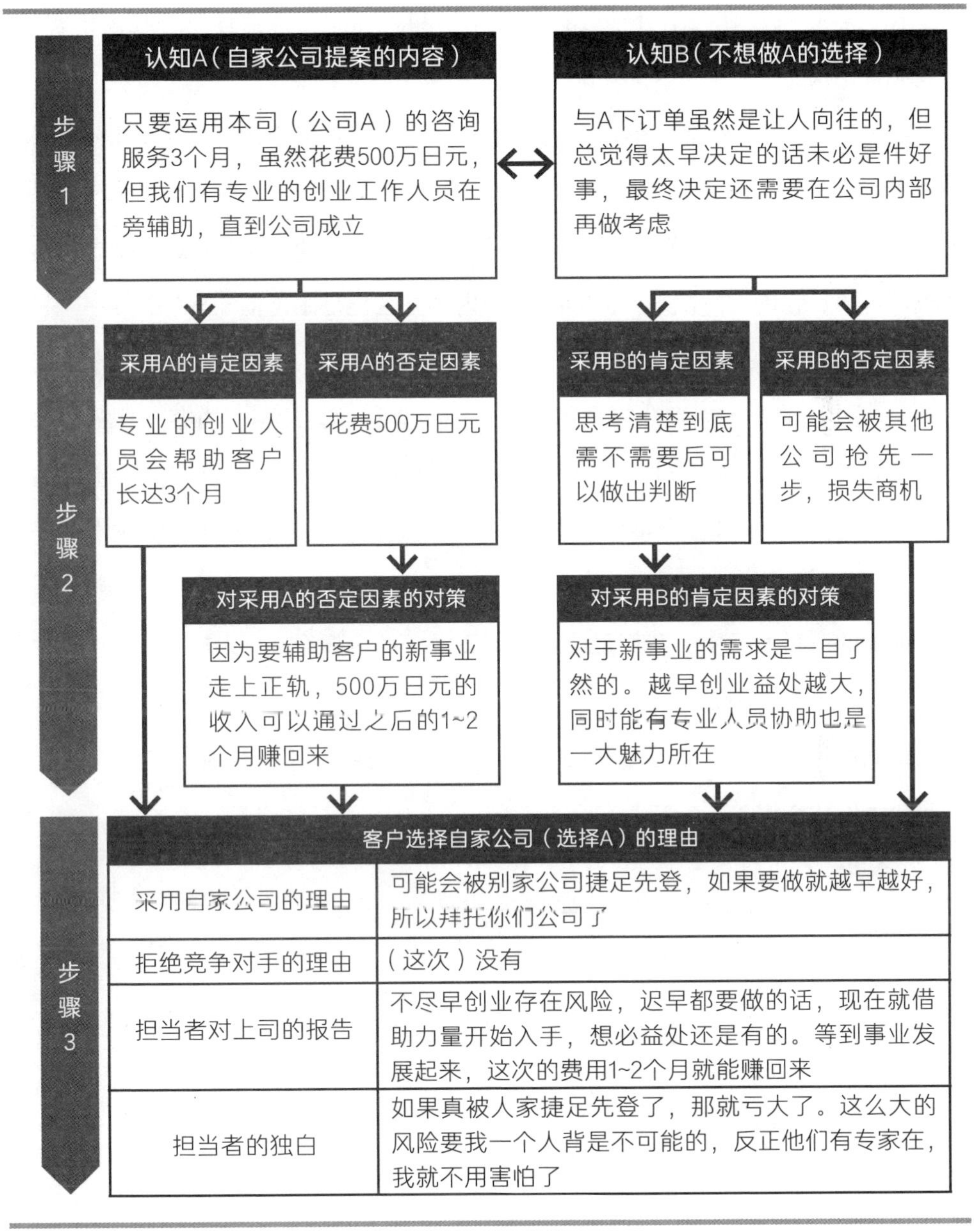

【图6-11】“可以之后再做，为什么是现在呢”

的选择。客户就会在“给外部公司下订单”和“不需要外部订单、在内部解决”之间犹豫不决。

这里，“不需要外部订单、在内部解决”这一选项可以降低成本，积累经验，所以可以说是处于优势。

那么，步骤1里的认知A“自家公司提案内容”不用变，认知B就要改成“不需要外部订单、在内部解决”。写入步骤2的内容方法也是跟之前一样的。

在此，“采用A的肯定因素”“对采用A否定因素的对策”“对采用B肯定因素的对策”“采用B的否定因素”将全部出现。在步骤3，组合这4个内容，总结“采用自家公司的理由”“客户对上司进行改选提案的报告”“客户自己在内心所产生对销售员认同的独白”这3个事项，就能完成“不要内部制造，就算花费成本都要外部下订单的理由”（图6-12）。

提案的逻辑力当中，我们已经介绍了重要的两个概念，“需求整理”和“对立逻辑”。

说到两者的站位，需求整理主要在提议的上游部分（指从业务发生前到有草案为止）发挥作用（图6-13）。

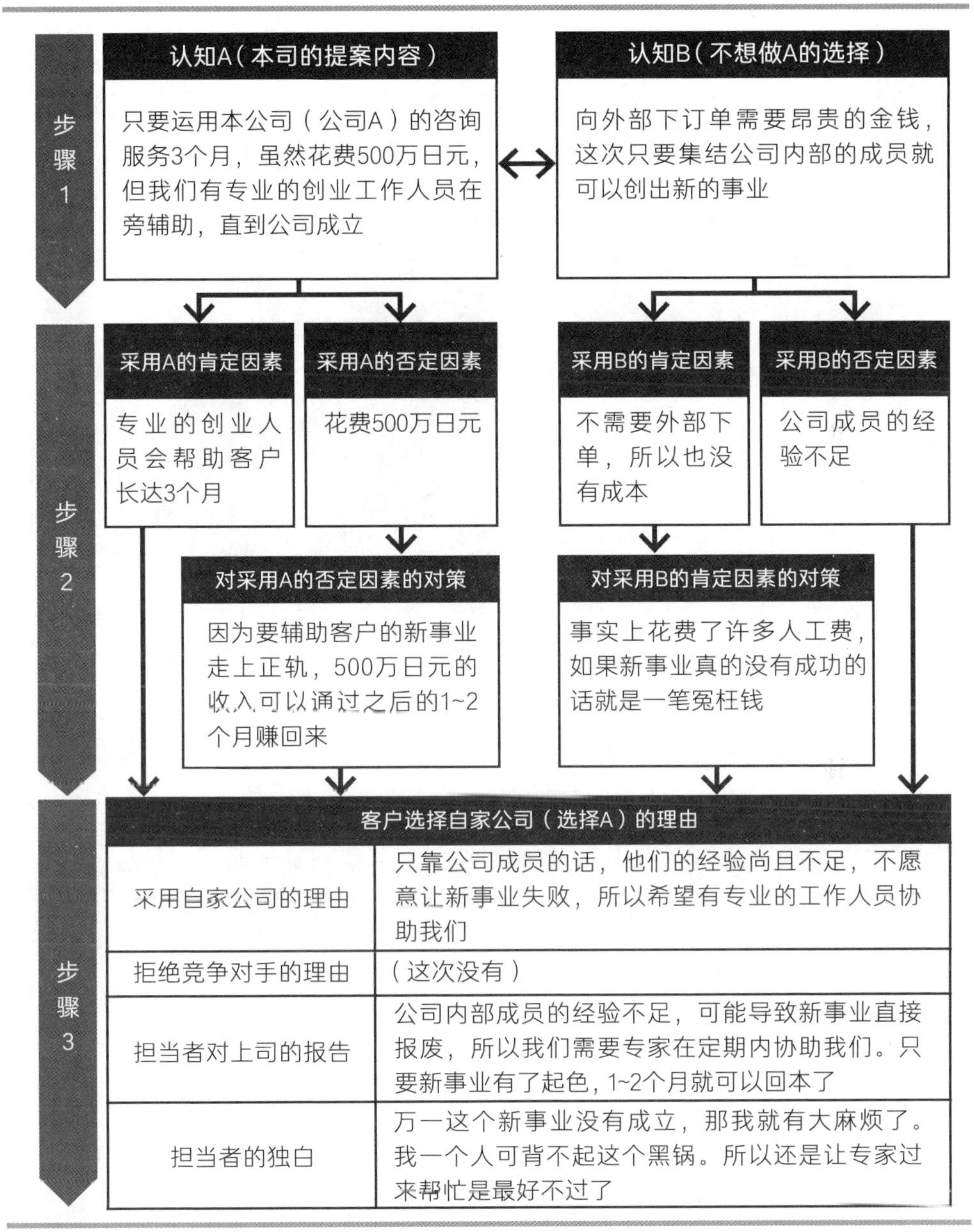

【图6-12】不需要向外部订货，在公司内部就可以解决的问题，为什么要自己公司出马呢

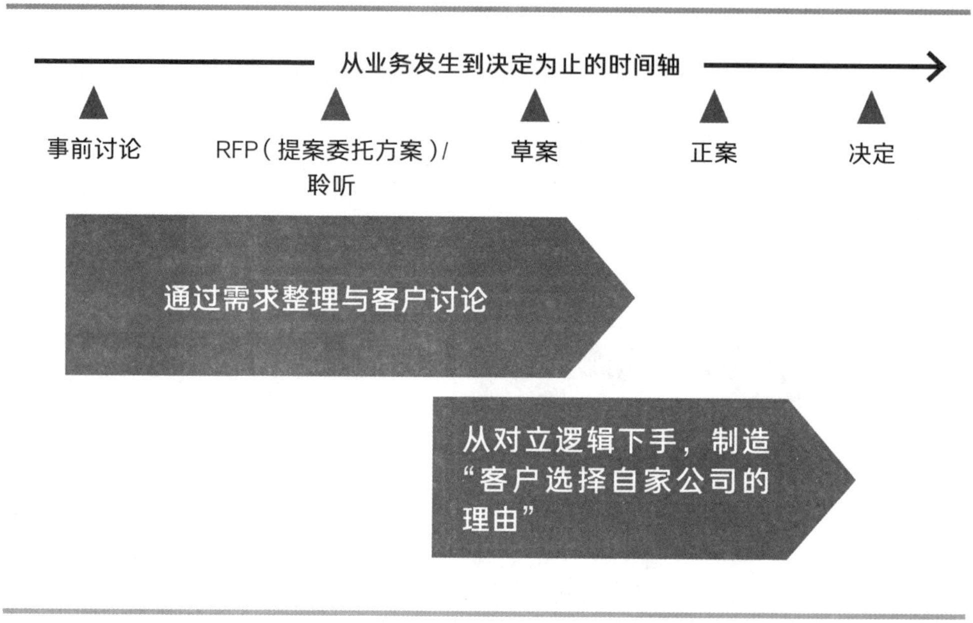

【图6-13】在上游活跃的是“需求整理”，在下游为“对立逻辑”

在客户认真地考虑此次业务前，与他们一起讨论并整理客户需求。RFP（Request for Proposal：客户委托的提案方案）和制作提案之前，需要聆听客户要求，与客户一起确认一起整理。在总结阶段，需要防止客户的问题与自己的提案出现分歧，因此，应用需求整理是再好不过的。只要做好这一部分，提案就会顺利地通过。有些客户看到整理后的资料非常优秀，就会直接向你下订单。

另外，难度较高的业务里，不会那么简单就拿到订单的时候（指从拿出草案到结单为止），对立逻辑就发挥作用了。客户如果在那里犹豫不决的话，让他犹豫的原因“可见”，销售员还需要彻底想通让“客户选择自家公司的理由”。把这些内容添加在给予客户的提案或者交流方法上，让订单的成功率大幅度提高。

前不久，我有幸访问了订单成功率上升中的K公司，他们是有50人左右的销售组织。通过采访小队组长得知：

* 视为均势的业务，我们都务必需要完成客户需求整理。

* 对其他成员有帮助的需求整理，都要在公司内部实行共享。

* 如果业务真的是非常艰难，那么上司和下属需要一起思考完成对立逻辑图，需要注意上述三个细节。

在这里值得注意的是，不是“全部业务”，而是“均势”与“非常艰难的对抗”这种独家条件的业务。有些销售的领导觉得需要一个“销售范本”来把所有业务共通化，坦白说，我不推荐这种做法。因为把“所有业务都共通化”这个手段需要巨大的成本。与其制作“范本”，还不如把目标只锁定在均势业务上来得效率高。

第6章总结

- ☑ 让提案成功的思考力就是提案的逻辑力。在写提案时需要注意的是“对要求的一致度”“对于客户问题的理解程度”“费用与效果”“对策方案等”。
- ☑ 提案有分歧的原因，不是“销售员和客户的意见不和”，就是“客户的想法还没有确定下来，销售员就给出提案”。
- ☑ 为了解决客户的问题，应用提案的逻辑力基础篇的四个阶段：

“引导性聆听”，通过提问力和价值诉求力的来回接应，引导客户提出自己的问题。

“总结性聆听”，聆听客户的问题，包括BANTCH。

“确认事项”，把客户的问题关键字化，与客户一起对“全面感”“具体化”“优先顺序”做出调整。

“公司对策”，提示客户自家公司适合处理所有问题。

- ☑ 用对立逻辑增加竞争优势，在高难度的均势业务中胜出。就需要应用“对立逻辑”，最大化消除自家公司提案的劣势和竞争对手公司的优势。
- ☑ 在高难度的业务中，需求整理在上游部分发挥作用，对立逻辑在下游部分发挥作用。

第七章

与客户共同推进提案的行动力

何为提案行动力

作为提问力进阶篇的关键，销售员需要扩展“三个问题扭转均势局面”，充分运用“解决问题式提问”，成为客户的拍档。

整理客户需求的同时，做好对立逻辑的攻略模式，让“客户有选择自家公司的理由”，才能引导他们选择自己，这是我们在“提案书的逻辑力”中介绍过的。

如果把提问力、价值诉求力和提案书的逻辑力组合使用，就能从客户身上得到越来越多的信息，销售员再提供可行的解决提案（价值），客户再次分享他们的问题所在，信息变得越来越丰富之后，逻辑程度也会越加缜密。理所当然地，订单的成功率也就会提升。

另外，虽然销售员学会了提问力、价值诉求力和提案书的逻辑力，但如果不能有效地合理运用，风险还是会存在的，比如竞争订单时对手拥有优势，或者时间不足导致业务无法被客户公司通过。

保持高水平与高质量的情况下运行“销售活动的流程”，变得特别重要。

另外，只把提问力、价值诉求力和逻辑力用在与自己投机的公司的销售员，与不管客户是谁，都能游刃有余地对其进行销售的销售员作比较，双方谁更有能力就不用我来点破了。

“四种能力”的最后一种能力是与客户共同推进提案的“行动力”。这种能力可让销售员有效地对任何客户发挥提问力、价值诉求力与逻辑力。提案行动力能直接体现出销售员在整个销售过程中做得到不到位。那么，怎样才能提升这一技能呢?

最大化提案行动力

前面的问卷调查已经介绍过，选择“感觉不到销售员的个人魅力与价值”的客户有43.7%，这也是提案行动力不足导致的。

那么这些销售员所欠缺的到底是什么呢（图7-1）。

我已经对回答客户的提问和需求的重要性做出了解释，图表的回答结果显示，客户对于需求和期待上所产生的“分歧”有巨大的不满，我认为这是一种非常有趣的倾向。对于“联系频率太低”的不满有24.4%，约占四分之一，但是对于“联系频率过高”的不满居然只有5.99%。也就是说，客户对于联系频率过少的不满比联系频率过高多出四倍。

如何提升销售员的行动力，为了方便考察和验证这一题目，请大家阅览“提案行动力检查表”（图7-2）。

横轴为“决定业务为止的时间轴”，纵轴为“与客户的交接点”（面会、电话、电邮等）和“公司内的工作”（面会、文书工作）。在这张“提案行动力检查”图表里，可以发现“一位销售员良好的行动力”。

图中从“1”开始都有数字号码跟着，这些个排序就表明了销售员的“提案行动力”，这些顺序、时机、次数等都是影响提案行动力最大的因素。

举个例子，让我们看下“充分使用电话或电邮跟进客户了吗”这一事项。

如果销售员只想在与客户面会时进行商谈的话，很有可能意识不到背后发生

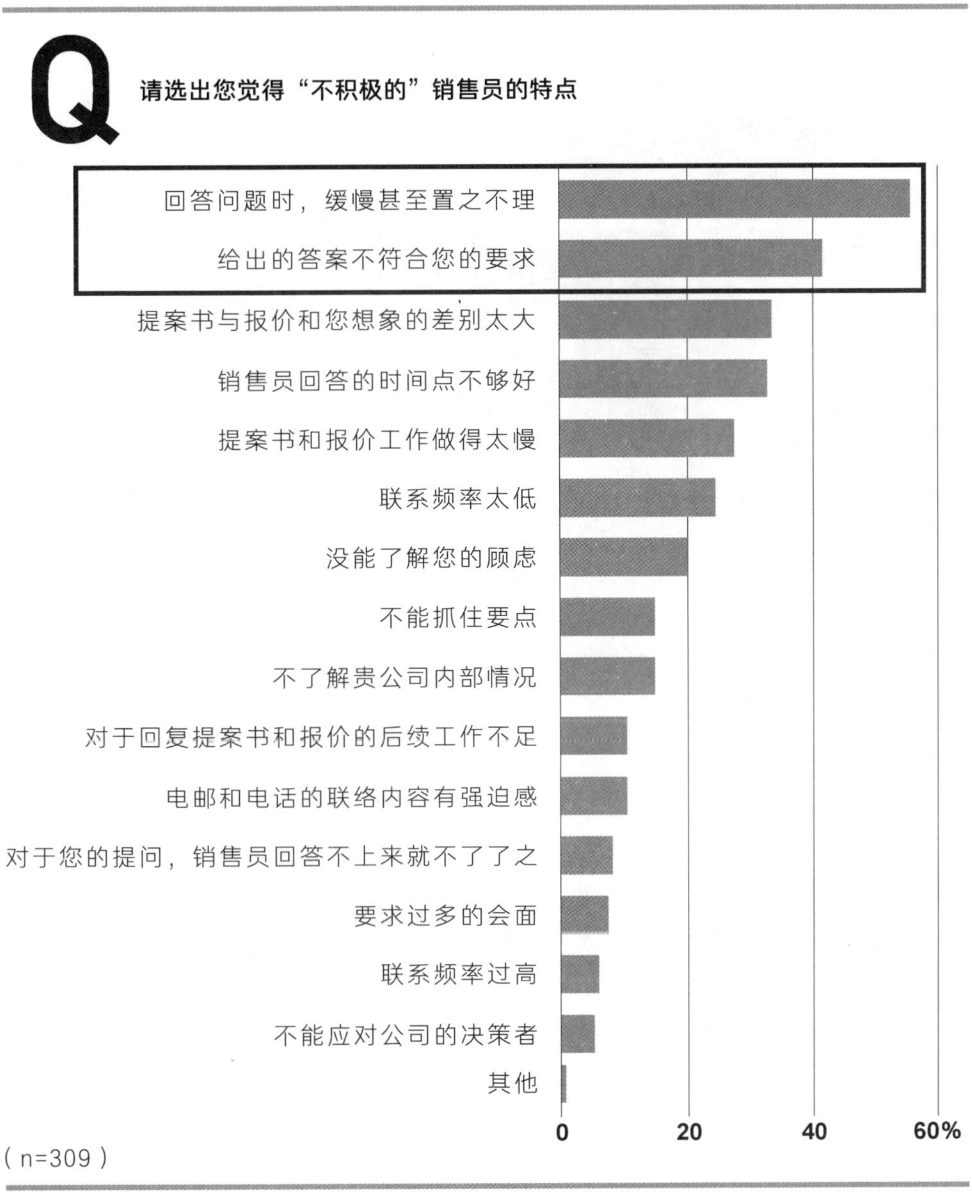

【图7-1】缺乏提案行动力的销售员是怎样的

引用：使用明路模板的网上调查　2017年11月　TORIX调查

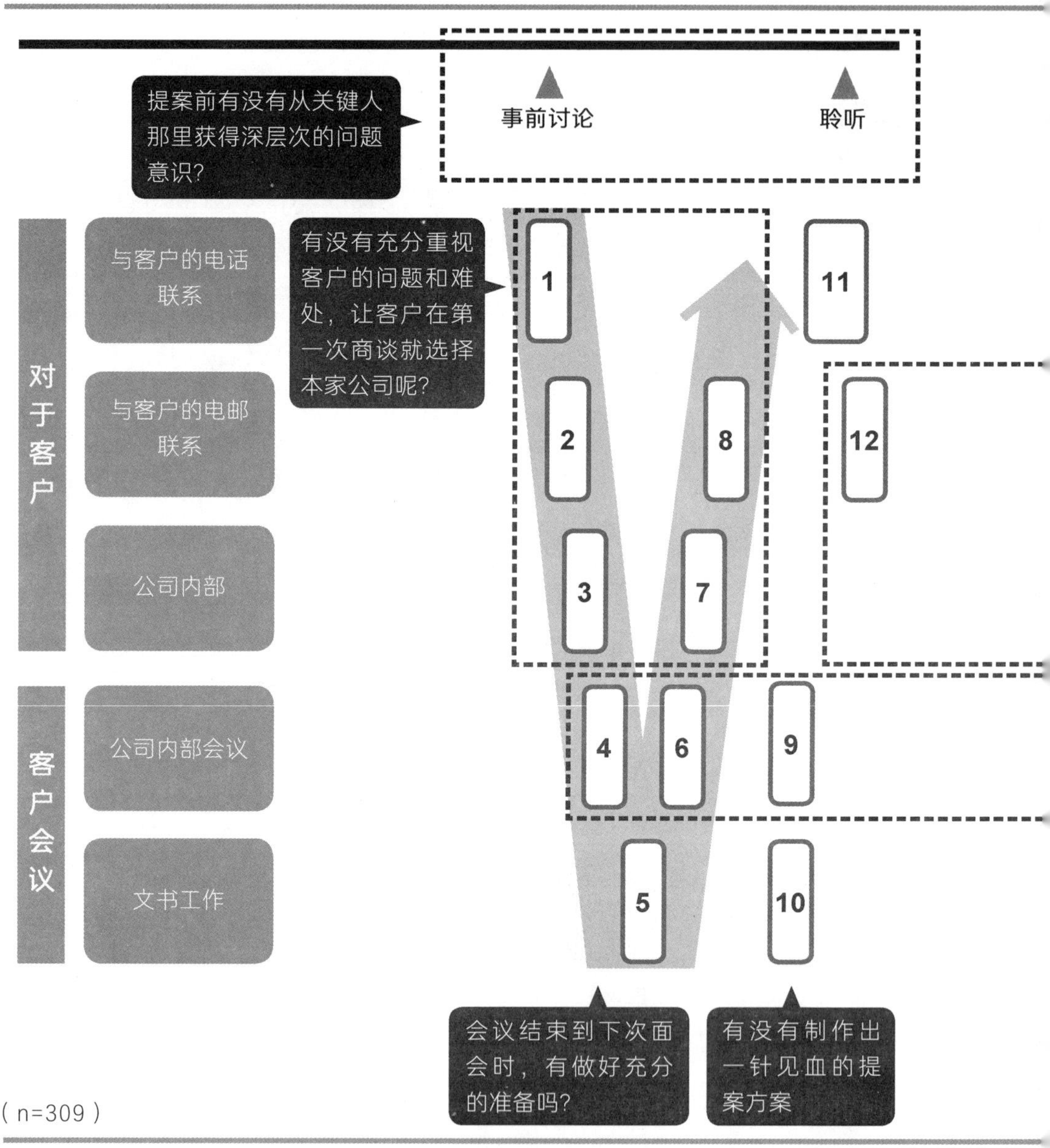

【图7-2】提案行动力检查表的例子

引用：使用明路模板的网上调查　2017年11月　TORIX调查

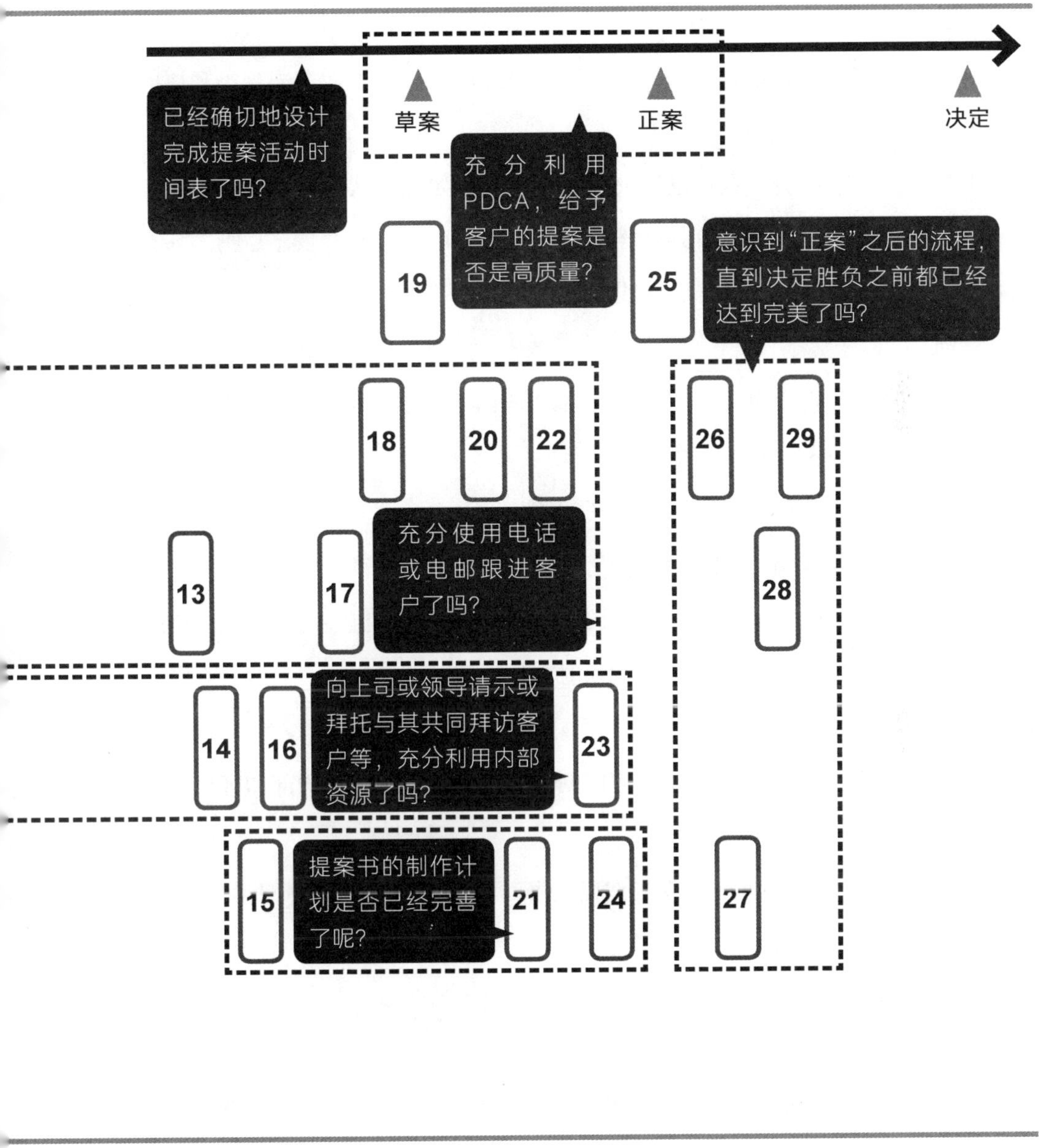

草案
正案
决定
已经确切地设计完成提案活动时间表了吗？
充分利用PDCA，给予客户的提案是否是高质量？
意识到“正案”之后的流程，直到决定胜负之前都已经达到完美了吗？
充分使用电话或电邮跟进客户了吗？
向上司或领导请示或拜托与其共同拜访客户等，充分利用内部资源了吗？
提案书的制作计划是否已经完善了呢？
13
14
15
16
17
18
19
20
21
22
23
24
25
26
27
28
29

了什么。或者，竞争对手在客户没有跟自己见面时，亲自访问客户公司，在那里得到客户上司的青睐，自己只在面会时与客户沟通的话，可能在完全不知道的情况下处于劣势。

但是，只要销售员一直打电话去问候客户，比如说“从那之后，上司的方针又有些改动了……”就可以收到这样的消息，然后可以回答“哦，是吗。那么我想好对策之后再来拜访贵司吧”。销售员能成功夺得订单与否，就是看自己会不会主动行动。

在某家公司，我让约30个销售员从笔记本电脑或记事本当中挑选近期执行的业务，并让他们尽量回忆过程做成提案行动表拿来参考。

在这些内容里，可以发现以下的一些事情。

● 越是工作表现出色者，越能与客户交流。不单单在商谈时，还会频繁运用电话或电邮进行沟通。特别在商谈前或者商谈后，一定会用电话或者电邮沟通。

● 工作表现不佳者只在与客户商谈时提供提案，商谈前或者商谈后都没有用电话或电邮联系。

● 工作表现出色者分好几次来完成制作客户资料，在公司内部和客户的沟通中，一点一点地将其完善。

● 有许多工作表现不佳者在制作提案书时，“选择将所有资料在某个时间点上完成”。

● 越是工作表现出色者，越能提早利用公司内部资源。

一般来讲，在销售组织里会有“某人的行动力很强”“某人对怎样推进业务进展很拿手”等例子，如果能让这些例子都可见，相信还能发现更多的内容。

用提案行动力推进商谈（竞争型）

应用提案行动力推进商谈，要将客户犹豫的原因分为考虑竞争对手（竞争型）和考虑自己公司保留或内部制造（讨论型）两类。

让我们先来思考竞争型的模式吧（图7-3）。

乍一看可能会觉得跟提案书的逻辑力（进阶篇）很相似。

最初阶段的“要求与聆听”需要使用提问力把聆听的问题关键词化。

接下来在“构建提案内容”的阶段中，整理需求的同时，制作提案资料。

此处的要点就在于，不仅整理需求，有必要确保制作资料的时间，在计划方案时需要加倍用心，把客户的反应都记录到文件当中。

根据不同业界与商业模式，有些公司的销售员是“不会精心制作提案书”的，尽管如此，为了能很好地理解客户需求并制作出“性价比高的提案”，还要将提案通过电邮，把要提出的方案语言化。

作为“构建提案内容”阶段可能遇到的陷阱，不能充分反映聆听客户需求的内容。

第三阶段的“提案书介绍”是给客户讲解完成的提案书内容。但是，向客户介绍完后就在那里等待是不行的。特别是在均势的情况下，不到最后是不知道鹿死谁手的，有必要坚持向客户“提出均势状况的提问”。

最后一个阶段为“结尾”，参考制作完成的提案书逻辑，对客户进行价值性诉求。在此当中，如果能做到消除自家公司提案书的负面因素，以及让客户知道自己公司也能贡献出与竞争对手给出的优势因素一样的对策，那就更理想了。

最后，看到单独拿订单的征兆后，照着BANTCH，找出可能妨碍客户正式做决定的弊端并做出解决方案。

目的	与竞争对手势均力敌，或我方处于劣势，只要针对性解决客户需求，就有机会赢得竞争			
阶段	① 聆听需求	② 内容的构建	③ 提案书介绍	④ 结尾
要点	**践行提问力** □ 通过践行提问力，销售员既不会给客户带来烦扰，又能收集信息 **问题的关键词化** □ 对于聆听得来的内容，确认全面性、具体感、优先顺序后做好整理	**需求整理** □ 给客户自己整理好的内容，协调对问题和提案内容的认知理解 **制作提案资料** □ 与客户协调后的问题和提案内容已经改为简单易解的资料	**提案书介绍** □ 就算客户的上司第一次听销售员的提案书介绍，对内容都能理解，并且让人有所发现 **确认均势状况** □ 向客户确认对于提案书的看法、竞争状况、内部状况等之后，能明确知道下一步的工作	**逆转局势的价值诉求** □ 能持续做好对“自家公司提案书的负面因素”与“竞争对手的优势因素”的对策 **解除障碍成为单独订单接收方** □ 照着BANTCH，找出事项决定的障碍并进行收尾
常有的失败	□ 不确认客户的心意和理解，进行单方面的提问从而导致客户不愉快 □ 没能确认聆听的内容里的关键词，导致遗漏	□ 没有做好客户需求的整理，导致与客户在理解上产生分歧	□ 提案书的介绍难以理解，变为单方面的讲解 □ 没能向客户确认对于提案书的看法，竞争状况内部状况等，导致不明确知道下一步的工作	□ 忽视自家公司的劣势和竞争对手的优势 □ 没有按照BANTCH的方法找出阻碍成单的原因，也没有持续的跟进行动，逻辑力所关注的是“为获得订单而构建逻辑”，而行动力的焦点在于“确保建立从业务开始到结束的过程”

【图7-3】提案行动力（竞争型）：在竞争中建立赢得均势业务的行动技能

达成合作的最重要因素

我向“从多数的企业当中选出一家公司的提案书”，有过这样经验的客户做了问卷调查，可以在下页图表中阅览（图7-4）。

客户为什么拒绝其他公司呢?

在本书中，我已经反复提及“性价比”是最重要的原因（占48.3%），也让我们看看第二和第三个理由吧。

看到第二个理由，我们就可以知道能让客户“放心”也是重要的一点（29%）。如果与已经有合作伙伴的客户打交道的话，怎样让客户更改下家，作为新的订单接受方是非常有讲究的。

上一章的提案书的逻辑力（进阶篇）有提到过，为了让客户觉得自己公司也能与“竞争对手一样提供正面因素”，就需要提供些公司至今的功绩和经验，或者，提供风险的应急方案，来强调公司的应对能力是非常完善的。另外，虽然比性价比低了20个百分点，“别家公司更便宜”却是第三个理由（27.1%）。

如果事先知道“对客户提出的价格比别家公司要昂贵”的话，就务必要对客户强调“性价比高”与“符合客户需求”这两个点。如果价格贵是因为有客户用不到的需求，那么这种需求过剩的状况对客户而言，不是他们想要的。

“负责业务的销售员的反应太慢”（15.6%）与“负责业务的销售员的态度很差”（14.1%）这两个选项比“别家公司的销售员很能干”（6.7%）这个选项高出了一倍多。也就是说，销售员行动力的好与坏客户都是能感觉得到的。在第三章中讲解过，如果客户们与6个销售员商谈，已经做好与其中5个销售员发生分歧的准备了，由此可见，他们对于那些“地雷”是非常敏感的。

然后，在所有理由中位居中间的是“别家公司的提案更好”（占14.5%）。比起

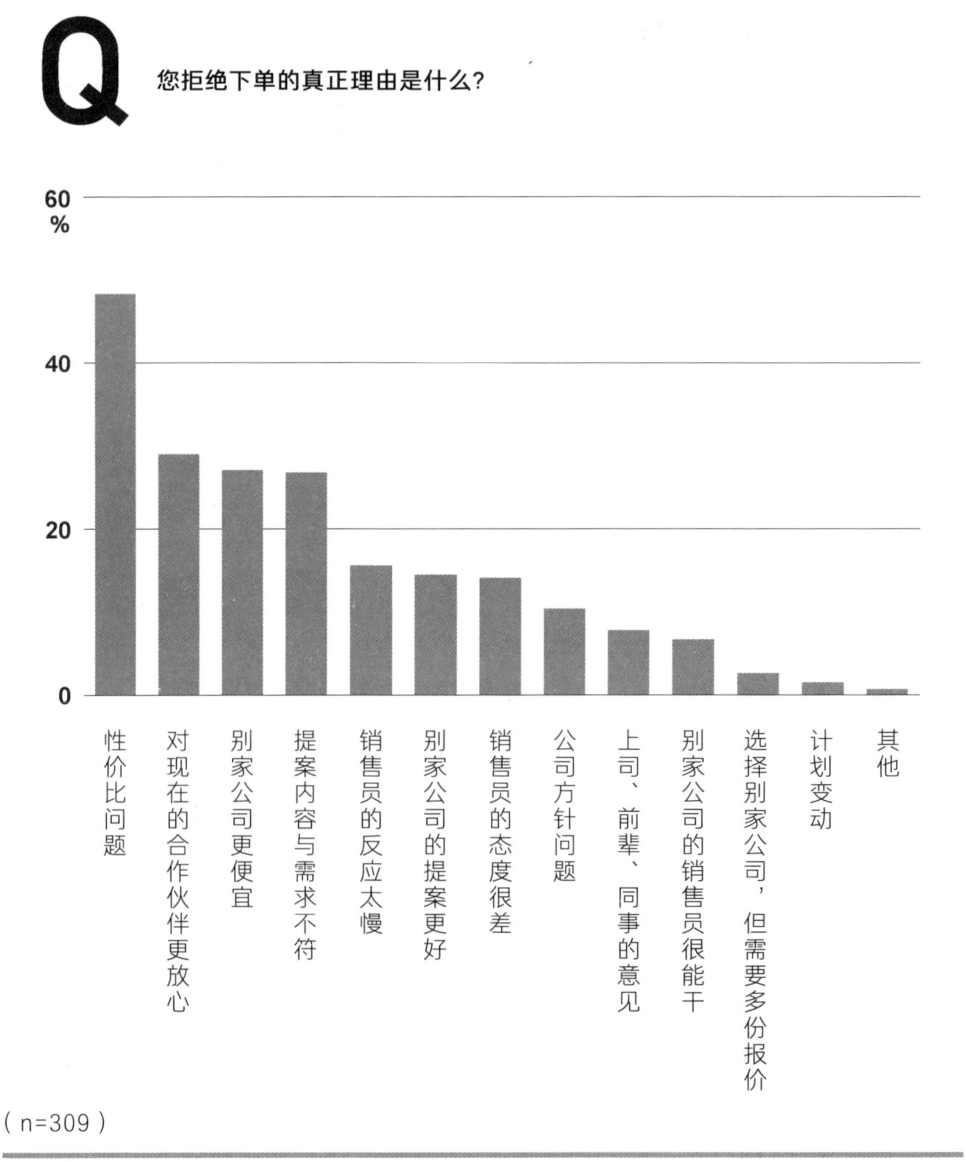

【图7-4】竞争业务时，影响客户做出决定的重要因素

引用：使用明路模板的网上调查　2017年11月　TORIX调查

提案内容好不好，客户更加在意的是性价比与价格问题。

不过“公司方针问题”（占10.4%）和“上司、前辈、同事的意见”（7.8%）比预期中的要低得多。所以，如果客户拒绝你时说这样的内容，就说明他们没有讲真心话。

从“其实一开始就决定要选别家公司，只不过需要多份报价”占据2.6%的比例可以看出，为什么本书一直以来反复强调对于“均势的重要性”。像这种从多个公司拿报价然而最后下订单的公司一早就决定好的业务，“四十个当中只有一个”。

作为参考，另外有数据显示安排两家公司以上做相同报价的业务占全体的约九成（图7-5）。

客户青睐的提案书

“强调怎样的要点才能成为竞争业务时决定胜负的关键”，已经变得相当明确了。只要是阅读本书的读者就会知道，需要无比强调“与客户想要解决的需求和问题一致”“性价比高”“比别家公司更放心”。

我们已经讲过，“比其他公司价格高，但是有自己独到之处”，这种对客户的说明是很容易让提案书被拒绝的典型例子。

如果真的要把这个原因写入提案书里，那么具体该怎样做能让客户接受得了呢。

在上一章提案书的逻辑力的基础篇中介绍过需求整理的重要性，而进阶篇中说明了运用对立逻辑构建“被选择的理由”。

在制作提案书时，我提议一开始就把需求整理的内容写出来。

对于客户的需求和问题都要先经过全面感、具体感、优先顺序来提高理解程

Q 当决定下单时，会从几家公司中拿到具体提案书呢？

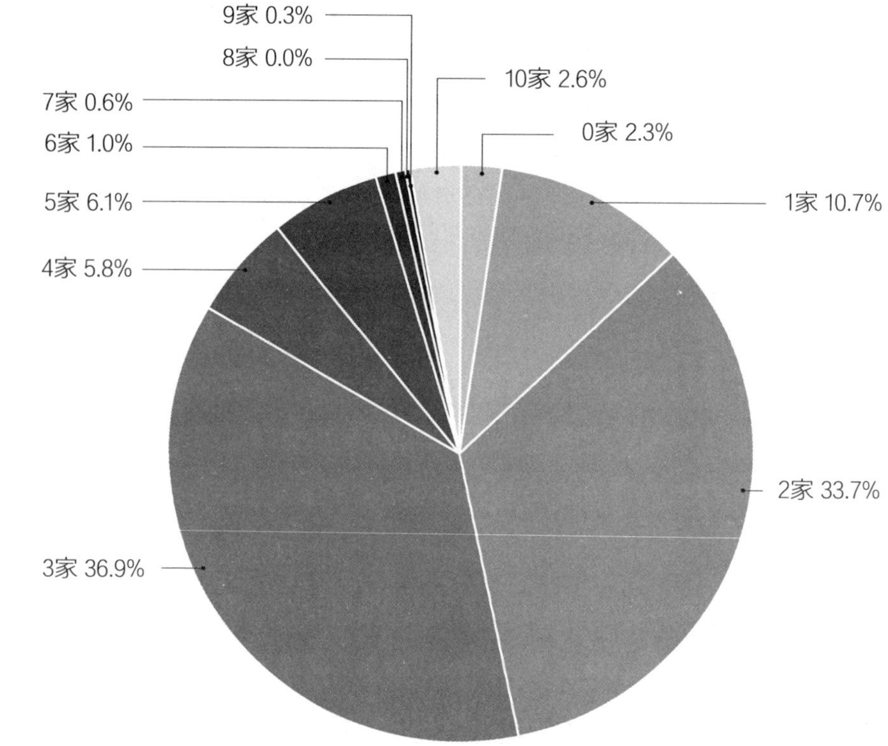

【图7-5】客户从几家公司获得提案书呢

引用：使用明路模板的网上调查　2017年11月　TORIX调查

度，如果对于这个业务，自家公司的提案书是合适的，客户会觉得“销售员非常善解人意”，之后会查看提案书的内容。

需要注意的是，在制作提案书时，要避免把“确认背景而已”跟“需求整理”混淆在一起。

确认背景是“我听说贵司的情况是……的”，按照在接受客户订单时所提及的信息一模一样地记载下来。

另外，需求整理是指，把客户的问题关键词化后，确认全面感、具体感、优先顺序，可对应于自家公司提案书的骨架。

下一步，要让“客户有选择自家公司的理由”就必须写出性价比效果与安心感了。要怎样写给客户看是没有正确答案的，都是按照每个不同的订单来归纳的。

不过，如果一早知道“价格比竞争对手的要高”的话，故意不把报价数字放在显眼的地方，可以写在其他纸张上，这样的方法也是颇为有效的。

之前在管理大概40多位销售员的时候，对于开展新事业的提案书，以及与老顾客合作的大规模竞争型订单时，把“在提案书的第二页记载客户需求整理”“谈论价格需要先等到客户对内容有好感后进行”这两项定为了规则。如果管理者真的要检查手下销售员所制作的每一份提案书的话，那需要非常多的时间。当中如果能有在均势业务情况下，担保组织单位的提案品质的“范本”的话，那将会事半功倍了。

特别是对于那些新人来说，制作提案书已经是需要花费许多时间的工作，如果提案书之中那些核心部分有共同语言的话，他们制作提案书就会变得很方便。

逆向思维介绍提案书

在提案书内完整无缺地反映提案逻辑之后，下一步就要做提案书介绍了。

做提案书介绍时，需要从结尾处逆向思考（图7-6）。

一开始必须想好，“如果这个介绍能成功的话，会有谁，能说出怎样的台词”的结果会发生。

重点就在于要做到具体化“客户选择自家公司的理由”，而不是从客户那里得到“那就要你们吧”这种暧昧的回答。

之后需要考虑怎样从客户公司的中心人物那里得到这句台词，并预测会有的“疑问、反问的对策”，出现在客户脑海里的疑问、反问是无论如何都要被解决掉的。如果对此做出的准备不充分的话，被质疑或者反问时，就会变得不知所措。“预测疑问、反问与对策”需要尽可能大范围地思索，这才是最理想的。

到此，已经准备充足后，再去思考介绍的流程。没有做好资料准备就打开制作软件开始制作的话，是绝对行不通的。

列出自己的目标和障碍，从而逆向计算，设计出“怎样才能避开障碍，实现自己的目标”的方案。在此就需要细细地思考“介绍计划”“讲解顺序”“资料的强调部分”。

把这些流程写在一张纸上，在重要的提案书介绍前，拿给自己上司听取意见也是可行的。

做足准备后，那就要进行提案书介绍和结尾工作了。

销售员对自己要做介绍的流程非常熟悉，不过有时候还是会在当天发生意想不到的事情。

如果客户的疑问和反论是之前未能想到的，那只能说明事情准备有瑕疵。为了防止这些事情发生，需要一而再再而三地进行准备工作。

然后，越过障碍进行介绍，从“关键人那里拿到那句台词”。

只要按照这个方法准备，执行提案书介绍，你自己也可以在结束时做“核对”。

准备阶段的顺序（↓） / 实际介绍是这个顺序（↑）

谁会说什么内容

客户企业的负责人可能说，“虽然这是我第一次跟你碰面，但你们公司的性价比要比别家公司高出许多，还有许多与其他公司合作的经验，所以我对你们非常放心，希望能把订单交给你们公司。”

可能的问题与对策

□ 性价比怎么样
▶ 减少经费多少日元，成本为一个月多少日元，价格水准要比其他公司都便宜。
□ 公司业绩
▶ 跟比客户公司更大规模的A公司与B公司都有持续性合作
□ 初次订单的风险
▶ 最差的情况是什么

介绍的流程

① 确认客户需求（全貌和优先顺序）：确认从上次交谈后有没有发生更改
② 提案书内容的要点在一分钟内讲完，并观察客户反应
③ 详细解说提案书内容（特别是性价比）
④ 让客户对自家公司放心（提出公司业绩，讲解对于负面因素的对策）
⑤ 确定自家公司是否是客户的第一考虑对象，如果不是，就约定时间再与客户细谈

（n=309）

【图7-6】把客户的台词具体化，事先准备客户可能问到的问题及答案

引用：使用明路模板的网上调查　2017年11月　TORIX调查

有没有从客户那里得到“预想的话语”，有没有预想外的障碍，计划安排怎么样，等等，如果不习惯在别人面前做提案书介绍，那么它的难度会是很高的，需要通过次数来进行改善。

用提案行动力推进商谈（禀议型）

现在为止，我们解说完了竞争型提案行动力，接下来就要思考客户可能保留，或者内部制作的禀议型业务了（图7-7）。

一般来讲，在公司内部的禀议当中，如果需要用到钱，要求申请人必须仔细地说明花这笔钱是正确的。需要记载的项目主要有，“使用金钱的目的”“考虑过的选择”（作为订单预备的公司），“对于选择的评估”，而且申请人会实际要求经营层给出对这期订单的决定事项。

当然，竞争型的业务都需要制作公司内部禀议书，不过竞争型的重点“在于对手”，只要能完完全全地胜过对手，后面的事就不必操心，客户也会协助销售员制作一份能过关的禀议书。

不过，客户是在保留或者内部制作犹豫的话，就算能跟实际操作员打成一片，向经营层提案的禀议书还是很难被通过。在此，本书将这一类型归为“禀议型”业务，告诉大家用何办法让客户公司内部达成一致，同意下订单。

对于商谈的推进方法，前半部分与“竞争型”一样，但后半部分就会有改变。

在阶段的第三部分“提案书介绍”需要做的事，跟“对手”无关，而是要考虑到“怎样让客户公司内部的禀议书过关”的问题，从而制作资料以及传达信息给客户。

“如果不能决定障碍是什么”，在确认均势状况时，必须查找出原因。最后的

目的	对于书面提示不能轻易通过的业务，将其问题整理后，让客户支援本司提案书，最终在公司内部达成协议			
阶段	① 聆听需求	② 内容的构建	③ 提案书介绍	④ 结尾
要点	**实行提问** □ 通过提问，销售员既不会给客户带来烦扰，又能收集信息 **问题的关键词化** □ 对要点进行整理，确认全面性、具体化、优先顺序和后续事项	**需求整理** □ 将整理好的内容给客户，协调对问题和提案内容的认知理解 **制作提案资料** □ 与客户协调后的问题和提案内容已经改为简单易解的资料	**提案书介绍** □ 客户在内部介绍时都可以简单讲解，达到双向性介绍 **确认均势状况** □ 确认客户对提案书的看法，了解书面请示的阻碍，明确下一步工作。	**逆转局势的价值诉求** □ 客户不擅长推进订单进度或没有号召力，销售员就要协助客户推动这个过程 **解除书面请示的障碍** □ 持续帮助客户找出书面请示被否决的因素
常有的失败	□ 不了解客户的想法，进行单方面的提问从而导致客户不愉快 □ 关键词丢失，遗漏重要内容	□ 不了解客户的真正需求，导致与客户在理解上产生分歧	□ 客户不知道怎样进行解说提案书 □ 没有向客户表达自己的想法和需求，不知道书面请示被拒绝的原因	□ 全都交给担当者负责 □ 客户对书面请示被拒绝的理由不了了之

【图7-7】提案行动力（禀议型）

阶段就是“结尾”，在面临这种最终局面的时候，销售员需要从侧面支援客户，消除书面请示通过的障碍。

禀议型业务结尾时，如果不能有效地协助这位员工，订单就会很难拿到，然而这也就是禀议型业务最让人头疼的地方。

比起拿出提案书的过程，许多禀议型业务都是在后续工作中花费更多的时间与精力的。就算客户开口说明，“我们会再做检查，请你静候我们的联络”，如果这时候就放弃后续跟进的行动，这单业务就有可能神不知鬼不觉地消失了。

我提问了那些公司内部的检查人员，“担任购买任务的员工会在公司内书面请示时强调什么地方”，这一结果显示在了下一页的图表里（图7-8），我们能看到一些有趣的现象。

重复许多次的“性价比”（57.6%）、“服务与产品符合业务要求”（55.3%）是过半数的第一、第二名。

第三名为“企业的业绩、信赖度”（41.4%）。

接下来第四名就是“比别家公司有价格优势”，考虑这一点，禀议型业务是就算进行考虑的对象只有一家公司，也有可能出现“比其他公司便宜还是昂贵”的话题。

第五名为“销售员的反应能力很好”（23.6%）。假如在提案书中，“需求整理”与“对于客户抱有不安和担心事项的应对之策”的记载非常详细的话，客户也能在公司内讲解时顺水推舟，说“这家公司的销售真的很优秀，所以……”

“与别家公司相比，服务与产品的优势”（22.7%）在这些选项中是靠后的。这是因为，在整个提案书检查过程中，公司需要一些“牺牲品”，所以也向其他公司收取了提案书来了解行情。

当然，作为需要请示的提案书，“将服务与产品与其他公司的不同”顺便提及

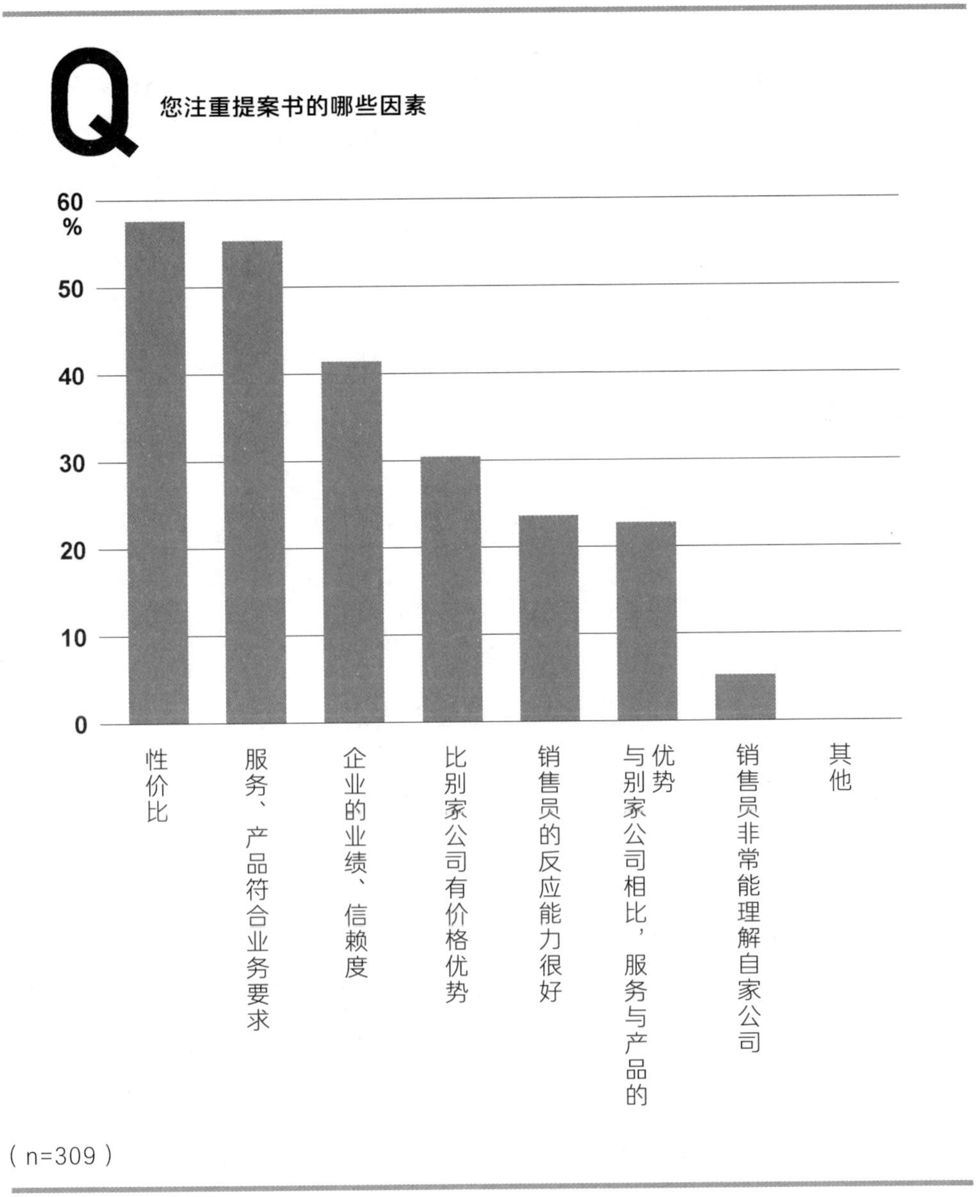

【图7-8】客户怎样在书面请示中解说提案书

引用：使用明路模板的网上调查　2017年11月 TORIX调查

一下也是非常有效的。

那么，为什么“销售员非常能理解自家公司”只有5.2%这么低呢？对于公司的理解程度，客户的态度就好似“肯定要有，没有就不用”一样，所以在提案书里要写出，“销售方理解客户公司的具体问题，给出的提案是完全符合你们需要的”“对于解决贵公司的烦恼以及问题，本公司有丰富的经验”，也就是说达到这一程度的内容已经是必需的了。

另外，在这个问题上值得注意的是，“其他”的回答率为零这一事项。

客户们是需要做多项选择回答的，在这种情况下，“回答率还是零”的话，这就说明“客户在书面请示时，除了问卷上的回答以外，不会需要强调其他的原因”。

最后再次强调，在提案书当中需要第一时间传达给客户的信息是，“我们给出的提案书符合这次的需求，同时也能做到性价比高”。

禀议型业务的关键

作为法人销售员的基本常识，“拿下决定事项者”是必须知道的。

能约到决定事项者进行面谈是最为可靠的（请参照第五章对于价值诉求力的解说，了解怎样获得与决定事项者见面机会的具体内容）。

不过，“就算再怎么努力还是没有见到决定事项者”的概率在现实的场景当中，还是会发生的。如果遇到这种情况，下页的图已经帮你整理好到底该做些什么（图7-9）。

有时候，销售员因为太想与决定事项者见面导致惹怒眼前客户，让客户对自己有敌意，这是非常冤枉的一件事情。首先，销售员要先对眼前的客户进行价值诉求，让他对你有好感。然后还需要看清楚客户自身的号召力，并进行协助工作。

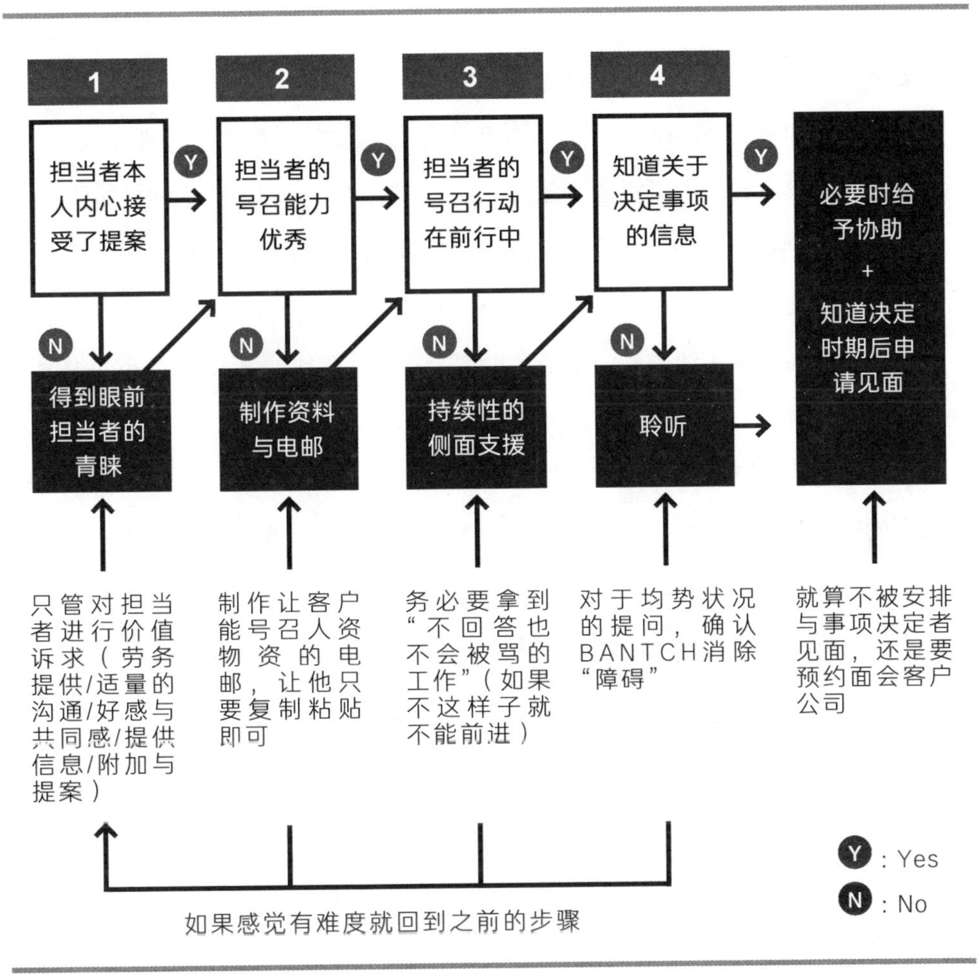

【图7-9】禀议性业务中，订单的接受过程

对于那些号召能力比较弱的担当者，销售员就要帮助他们，例如制作资料，有必要的话，连号召人资物资用的电邮范本都要帮忙制作。

观察担当者在公司内的号召力，如果不是很理想，需要持续性地支援客户。此时销售员如果拿到“不回答也不会被骂的工作”，那么可以减少在这里的挫折。

作为禀议型业务关键的一步，在这里需要补充一下拿到“不回答也不会被骂的工作”的含义。

比如，在商谈结束的时候，不经意地说一句“啊，刚刚某某先生/小姐说的那件事情，我也会向公司内部的员工稍微查询下。如果有什么进展我再联络您吧”。

“稍微查询”“如果有什么进展我再联络您吧”，这种语调可以降低客户的期待，如果真的不做的话，他们也能接受，不会不愉快。不过能真正做到的话，那就很加分了。

这种时候，意义不在于我方能拿到这份工作，而是可以有理由跟客户联系，这才是重要的。

只要一直有理由可以联系，那就可以向客户反复提问“均势业务的状况”了。也就成为价值诉求力与提问力的来回“接球”。

并且，掌握了关于决定事项的信息，那就决定胜负吧。现在已经了解客户的动作到这种程度，那么订单成功率也会提高。

积极应对杳无音信

刚才已讲过“不回答也不会被骂的工作”的重要性，要知道在禀议型业务里“失去联系”才是最大的风险。

由于客户繁忙，业务的优先程度下降，或在不知情的情况下背景情况有改动等，为了不让这些不安因素阻止关键业务前进，要埋下伏笔，让“我方可以有跟进的余地”，这样一来，打破局势就会变得更加轻松。

那时，应该发怎样的电邮，在此给大家提供一个范例（图表7-10）。

我是A公司的X。感谢您对我公司的照顾。

之前在与您见面时，有幸能与您讨论关于“担保培训的质量非常困难”这件事情。恰巧在与其他客户的讨论当中出现类似的论点，我把资料的一部分发送给您，还望查收。

我已经将可能会对贵公司有益处的要点排列在下方，请查阅：

（1）对讲师们介入的时机与对于回馈的讲法需要采取措施

（2）如果对象个人能力较差，在哪个阶段加入追加知识

（3）预先做好沟通提高意识

（详细请参考附件）

如果有不明白的地方或者各类需求，欢迎随时跟我联系。

今后也请继续多多指教。

虽然没有很适合的关键词，不过只要“有那么一点点关系”就OK了

如果找资料很难的话，就介绍“可参考的书籍”“网上资料的URL”也是可以的

这里的写法需要观察电邮的回复率，要写得扣人心弦（让人想读下去）

结尾让对方不会有压迫感和不愉快（做出一副不用回复的样子，实则随时做好被联系的准备）

【图7-10】给予客户信息的电邮

这个点的要点在于，没有逼迫提问客户“考虑得到底怎么样了”。如果一直被逼着做一件事情，我们就会对此越来越反感。这是人之常情。所以反复提问“考虑得到底怎么样”，客户就会直接回答“我方之后再联系你”，隔断与销售员的接触。

所以，邮件内容的主干还是要做到“能帮得上忙”这一宗旨就够了。不过需要注意，别让客户觉得自己发送的内容是作为范本统一发给其他客户的。务必要加入“之前讨论过关于……的事情”，拿出具体对话内容才能让客户信服。

让客户觉得“销售员能理解自己”，并且不会过度催促客户，收到这种电邮他们也不会感到反感。

但是，怎么都想客户早点回复的话，“如果在XX日之前给予回答的话，可以做到什么/不能做到什么，所以还望能在不妨碍您的情况下考虑一二”，告诉客户加入日期的原因，这才是聪明的回复方法。

四种能力的综合应用

至此，“提问力”“价值诉求力”“逻辑力”“行动力”这四种能力我们全部解说完了。销售员要综合运用这四种能力（图7-11）。

从客户那里获取的信息越多，销售员的回应越有价值，客户再次给予信息，资源变得丰富后构建严密的逻辑，就能拉开与竞争对手之间的差距，有条不紊地进行提案行动。

所有的一切都是建立在提问力之上的，通过提问力能够消除客户与销售员之间的隔阂。

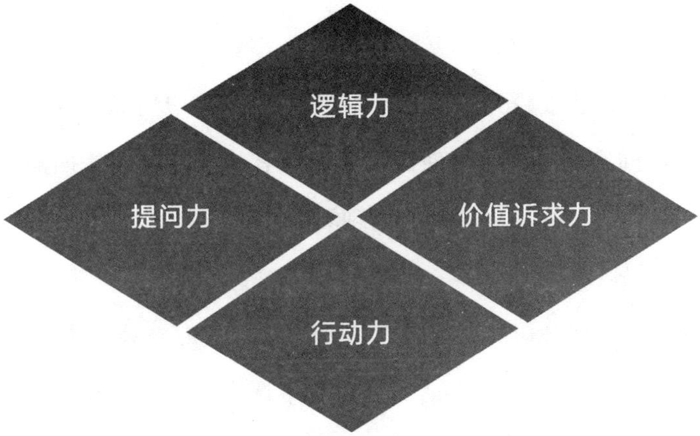

【图7-11】消除与客户间的信息差，销售员必备的四种能力

但是，在均势状况下，有时候不能轻易地从客户那里获取信息，就要通过价值诉求力告诉客户“本公司能实现什么价值”。

反复进行“提问力+价值诉求力”的来回接球，增加信息量，销售员与客户的关系也有所改善，结果就是回应客户的信息也会变得更有价值。

如果能做到这一步，就能用提案书的逻辑力描写出客户决定事项的过程。

有了“提问力+价值诉求力+提案书的逻辑力”，客户就能容易地在公司内营造出“选择自家公司的理由”，并得到同意。

关于这一连串的动作，为了体现“提案行动力”的价值，就需要其质与量都处于高水准。提案行动的生产性和再现性如果上升的话，就能对更多的客户采取高质量的行动。

作为全面运用“四种能力”的一个例子，请容许我来介绍一下“10分钟销售”。

虽然一个动作不需要10分钟，但能消除与客户的信息隔阂与分歧，营造出“被选理由”的循环（图7-12）。

首先，在第五章（价值诉求力）我们确认了客户需要“适当的沟通”。虽然用电话去联系客户，但也要视为一次面会的“电话商谈”是我的推荐。

销售员不访问客户公司直接使用电话联络客户，这种名为内部销售的方法直到现在才开始普及，其实，就算是作为现场销售（访问客户并做出提案），电话商谈也是有效的。

一直以来，我都在公司内部提倡“电话商谈”，同时对公司的客户也一并推荐。不过，关于“10分钟销售”的电话商谈，我不认为需要见面坐下来讨论级别的商谈能够用电话来代替。时常几分钟（最多10分钟）的电话沟通的宗旨为，在短时间内做出有意义的交流，实际操作起来能向商谈中的聆听或讨论靠拢就好。

在销售时，当然存在“面对面比较适合”的场景。“不看到销售员长的什么样就不想买”的客户也是有的，这种时候亲自去拜访是万无一失的。

对于销售员而言，大家的时间都是有限的。如果不跟客户会面进行相互交流，不管怎么样都无法消除与客户之间产生的信息隔阂。

就算10多分钟的电话，只要肯下功夫去研究，就能如商谈一样与客户有密切的互动。

实际上，在第七章的开头我们讲到，工作表现出色者会“在商谈之前与之后用电话或者电邮跟进客户”。

那么，怎样让与客户的一次电话联系变得有意义呢？

这里的关键在于，解决问题的提问和需求整理。

用电话进行对话中，只要脑海有确切的解决问题的提问和需求整理的过程，就算只有10分钟时间，都能进行有意义的对话。这时候，只要客户是坐在办公桌前打开电脑能查阅的环境下，发送能参考的资料让其查收也是很有效果的。

	内容	讲法范例
1 电话商谈（价值诉求力）	向客户确认“何时能听电话”，在电话里的接听对话要当作“一次面谈”那样，确保沟通深度与质量。	“您什么时候能回到座位上呢？我可以再联系您吗？”
2 发现要点（提问力）	用差不多几分钟的时间找出客户“想做但做不来的事情”（问题），深入了解下去。	“您刚刚说的××不能做，能否再仔细地跟我描述一遍呢？”（10分钟）
3 需求整理（逻辑力）	提取数个问题后，对于“没有遗漏了吗”“优先顺序是怎样的呢”进行关键词化，整理手上的资料。	“在我刚刚问过您的问题中，作为关键词的话有XX和XX，还有其他的吗？”“有没有优先顺序呢？”（10分钟）
4 有用的电邮（行动力）	听取关键词后，寻找有帮助的信息将其用电邮发送，与客户做出调整。	“上次您说的XX这一关键词，我找到了一些可能作为参考的资料发给您。”

【图7-12】“10分钟销售”

在电话里讨论过的内容需要在结束后马上进行总结，然后用电邮发送给客户。不用写得很长也不用写得很拘谨，就如在10分钟以内写出发送的内容一样，用备忘录的形式分条写出就好。这已经是十分“有用的电邮”了。

作为有用的电邮，不单单要有会议记录，如果加上对于对话里出现的“问题与烦恼”的一些对应方案，那就更加到位了。第一章和本章中，已经传递了在客户的不满当中，关于销售员的“反应”问题占据着高位。所以用“分钟”作计算单位来时刻提醒自己要回复客户。一边在电话里与客户对话，一边记下笔记，在10钟内也能发送电邮给客户。

为了再减少一点时间，我推荐打电话时销售员能做到空出双手操纵电脑。用手记笔记的话，做出行动时需要多花一点时间。

这一连串的操作可能在最初阶段很难做到，只要习惯了就能游刃有余地进行。

之前，我问一家时常出现在媒体上的新兴公司怎样能得到他们的服务，用了差不多10分钟左右与那位销售员进行了电话商谈。那时，差不多10分钟之后，就收到了电邮，里面有刚刚商谈过的内容的笔记，这让我记忆深刻。之后才了解到，原来是某证券公司的王牌转职到了这家新兴公司，把他在前公司运用到的方法移花接木地用到了现在的公司里。

好了，到此为止，已经解说了消除与客户分歧的“四种能力”，读者有可能会有这样的疑问，“销售的最佳实际行动是不是会因为产品与商业模式，多多少少都会发生变化呢？”

说得非常有道理。

在下一章中我会为大家讲解。

第7章总结

- ☑ 提高与客户共同推进提案的“行动力”，不能让客户觉得“销售员的回应不积极”，需要特别注意对其的回应和联络频率。
- ☑ 积极的销售员的特征是，“除了商谈本身，商谈前后都要通过电话或电邮与客户进行适当沟通”。
- ☑ 在商谈提案（竞争型）中，“性价比”是重中之重，其次是“放心”“价格问题”。如果没有价格优势，就要向客户强调“本公司的服务有独到之处”。
- ☑ 改为逆向思维介绍提案书，在介绍完后自行“核对答案”。
- ☑ 禀议型业务中，“性价比”与“需求符合度”是最重要的两项。
- ☑ 在禀议型业务结束时，给客户留下“我还可以做其他事”的印象。
- ☑ “提问力”“价值诉求力”“逻辑力”“行动力”这四种能力如果运用得当，能让销售员的业绩翻倍。典型的例子就是“10分钟销售”。

第八章

四种能力的运转模式

销售模式的分类

如果能在整个组织内提高“提问力”“价值诉求力”“逻辑力”“行动力”，便能够使我们在均势案例中轻易取胜。

但是，这四种技能是如何发挥的，根据销售模式的不同，也会有所不同。

例如，拿着数百份名单进行电话营销与实地推销的销售员和专注于几家大客户的销售员，这四种能力所发挥的情况是完全不同的。

我们将销售模式分为两种，接下来，将会给大家说明这两种销售模式的不同，以及如何根据不同情况使用这“四种能力”。

让我们来看看销售员所负责的名单的数量（现有的客户与未来可发展客户相加的总数）（图8-1）。

所负责的名单数在100份以上的，大部分都是以电话营销与实地推销的销售员，他们往往都是同时与很多客户保持联系。

也有手中的客户不到20人的销售员，这部分通常都是将精力集中在愿意合作的客户身上，请看下图。

图中的上半部分，对名单上的客户进行反复推销的销售行为，我们将其称为“渠道型销售”。

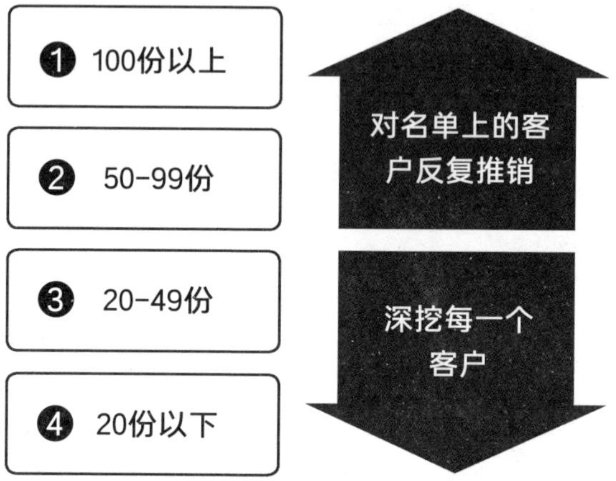

【图8-1】按名单的数量将销售模式分为两类

越往图表的下端，就越偏向于对每位客户进行深度挖掘的销售，我们将其定义为“账户型销售”。

因此，销售模式大致可以分为“渠道型销售”和“账户型销售”两种。

当我们去书店时，我们会发现尽管书店有很多与销售相关的书，但这其中大部分都是关于“渠道型销售”的，因为大部分销售员都是“渠道型”的。

而“账户型销售”的书籍里包含了“提案型销售”和“解决问题型销售”。

所以，在购买之前，你需要仔细考虑哪一本书是真正适合自己工作的。在两种销售模式中，选择更符合自己当前情况的那一种。

“渠道型”和“账户型”的特征

那么，让我们来探讨一下“渠道型”和“账户型”销售的区别（图8-2）。

渠道型销售，指的是销售员带着大量的名单进行销售。具体特征表现为，商

渠道型销售		账户型销售
业内案例		
面向个人的商品、面向店铺的媒体广告、面向企业的通用零部件等	⟷	IT系统、外包、面向代理店的销售等
商谈的前期准备阶段（与客户的沟通时间）		
短	⟷	长
销售员能够给出的提案数量		
多	⟷	少
客户的决策流程		
相关人员很少，较简单	⟷	相关人员很多，较复杂
销售员在提案中的可发挥空间		
小	⟷	大
商品的单价		
面向个人的价格很高，面向法人的价格通常较低	⟷	除竞品外，价格通常很高
高水平销售的特征		
客户与商谈的“数量”多（立即成交的案例多）	⟷	提案行动的“质量”高（准确度高）

【图8-2】销售模式的两种类型

谈所花费的前期时间短，销售员个人给出的提案数量多，以及不用经过复杂的审批流程就能够轻松成交订单。

渠道型的销售，往往不太需要提前准备资料，而是通过运用公司的宣传手册和销售工具，从而尽可能多地进行商谈以及提案。由于商品的单价往往不会太高，因此对于高水平销售来说，如何在短时间内成交，如何缩短商谈的前期准备时间，以及如何在短时间内获得案例是关键。

与之相对的，账户型销售则往往会被问到："在一家拥有很多预算的客户公司中，你能在多大程度上提高自己公司的市场占有率呢？"

由于案例的金额增加，决策者也会增加，因此，在掌握客户复杂的决策结构的同时，还需要花时间认真地研究。

对于销售员而言，为公司做出高金额的提案，需要进行各种创意化设计，这是十分有趣的。

账户型销售中那些高水平销售员的特点是不仅拥有很多成交率高的案例，也积累了很多优质的案例。

困难的是，所谓渠道型销售和账户型销售，并不一定是指这家公司的销售组织是渠道型或者这家公司的销售组织是账户型，以公司为单位时，往往界限不是那么的明确。

例如，在一个组织中，可能同时存在：保留现有客户的账户型销售团队，以及针对庞大名单进行新客户开发的渠道型销售团队。

另外，在同一个销售团队中，既存在一直在开发新客户的销售员，也存在只拜访几家重量级客户的销售员，这种情况很常见。

又或者是，销售员年轻时以渠道型销售开始自己的销售生涯，在成长的过程中，高金额客户越来越多，从而逐渐接近账户型，最终只进行账户型的销售。

因此我们可以发现，在许多公司，渠道型世界观和账户型世界观是混杂在一起的。

那么，为什么要在这里拿出这两种销售模式呢？这是因为在认识到“销售模式不同，获胜模式就会不同”之后，有必要掌握四种能力活用方法的不同。

获胜方式与销售模式相匹配

渠道型销售和账户型销售的获胜模式是不同的。为了取得成果，应该采用与各自相匹配的不同做法（图8-3）。

在渠道型销售中，“增加与客户的接触和在负责区域内的市场占有率”这一点很重要。因此，“有没有在合适的时机见到应见的客人”便成了胜负的分水岭。

这样一来，先增加行动的数量，再提高行动的质量，这就是王道的胜利模式。

如果拥有很多客户的名单，你就会发现，这其中既有“现在有购买意愿”的客户，也有“现在没有时间讨论”的客户。商谈的前期准备时间短是渠道型销售的特征，所以如果不时刻做好准备与客户接触的话，当客户想要下订单时，就会出现错位的情况。因此，渠道型销售中“访问数很重要”“行动量很重要”。

在账户型销售中，要深入并广泛地收集客户的信息，从而产生压倒性的说服力，这是取胜的关键。

由于竞争对手都在互相争夺客户公司的预算份额，所以如何提高成交率/单价是关键。为此，全面掌握组织和业务问题，让自家公司的提案被客户采用，这便是必胜模式。

在账户型销售中，客户方的相关负责人很多，提案所耗费的时间也会更长。因此，如果出现“信息不足”的情况，信息差产生的分歧就会慢慢变大。

渠道型销售	账户型销售

关键在于如何增加与客户的接触，并扩大区域内市场占有率。	关键在于如何提高成交率和单价，并扩大客户内部市场占有率。
↓	↓
是否能够在合适的时机见到应见的客户，这是胜负的分水岭。	是否能够深入并广泛地收集客户信息，并产生压倒性的说服力，这是胜负的分水岭。
↓	↓
此类型的获胜方式为，首先增加行动次数，然后提高行动的质量（没有行动，就没法决胜负）。	此类型的获胜方式为，全面掌握客户的组织和业务问题，并落实到实践（没有信息，就没法决胜负）。

【图8-3】每种销售模式下的获胜方式

接下来，让我们详细了解一下每种渠道型/账户型销售按照不同的获胜方式，会有什么类型的高水平销售吧。

渠道型高水平销售

在这里，为了让大家能够更详细地理解渠道型和账户型的不同，我将会为大家解说一下“高水平销售员在这两种销售模式下有什么区别”。

首先要说的是，增加行动的数量后，再提高行动的质量，这是渠道型高水平销售的取胜方式（图8-4）。

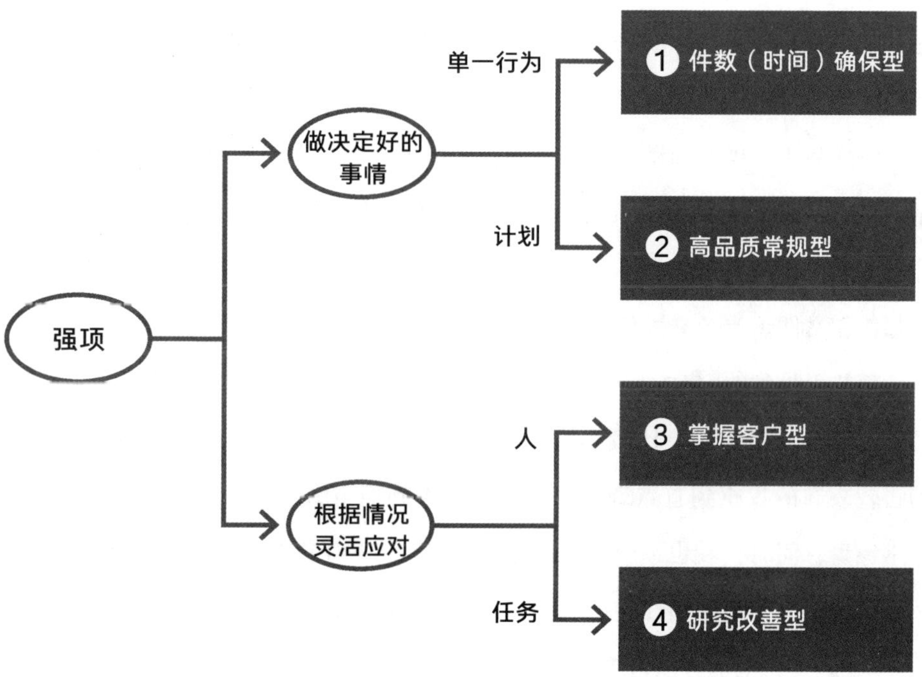

【图8-4】渠道型的高水平销售

渠道型的高水平销售大致分为两种类型。

那就是擅长做决定好的事情的“常规”类型和与之相反的根据情况可灵活应对的“变通”类型。

“常规”类型还可以再细分为两种类型。

可以反复进行单一行为的“件数（时间）确保型”和准确运用计划的“高品质常规型”。

件数（时间）确保型的销售员，“可以一直打电话”“对一天50次的电话销售不会感到痛苦”“一旦决定一天花2小时进行新客户开发的推销活动，就一定会实施”，他们对于持续做同样的事情不觉得痛苦。因为很容易理解，所以渠道型的高水平销售员最明显的特征就是这些。

而高品质常规型的销售员则会像精密机械一样，在同一周期内持续运用PDCA循环，比如：“每个月，第一周给客户发这样的邮件，第二周从名单上按顺序打电话，第三周给出提案，第四周结束销售。”这种类型的销售员，大多数都会有规律地保存邮件和文件（为了更方便使用）。

前几天见到的L先生，尽管是曾受到公司内部表彰的高水平销售员，但与他谈话的时候，他用的却是比较小的声音说着很轻柔的话。这让同为“受表彰级别的销售代表”的我感到有点意外。但是，在看到他电脑上整理的文件后，让我感到非常惊讶，同时，我也理解了L先生是一个高水平销售的原因。他把要使用的文件按照月份有规律地存储在文件夹中，完全没有浪费。

“变通”类型也可以再细分为两种类型。

那就是根据对方喜好进行销售的“掌握客户型”和对资料与谈话进行各种各样的研究和改善的“研究改善型”。

掌握客户型的销售员非常喜欢和人交谈，总之，是能够让客户喜欢的类型。

有时，如果和客户的谈话过于热烈的话，仅一次的商谈过程就会长得可怕。即便销售经理想要进行严格的时间管理，行为上也依旧比较容易随心所欲。

而另一边，研究改善型的销售员，能够享受一件又一件的任务改善的过程。

公司会给每个区域分派销售员，每个人都有100个名单，这些销售员都是从“我是负责这个XX区域的XX”开始，用的都是带有照片，以及写有个人兴趣等的一张“自我介绍资料”。

经常一起工作的M先生，就有4种不同的自我介绍资料。既有坚硬的商务字体，也有圆形字体。还有照片和肖像画，展示工作上擅长的领域，用兴趣和特长等介绍自己。像这样分开使用好几种模式，根据客户的反应，准备好相应的资料。

账户型高水平销售

账户型的高水平销售也大致分为两种类型（图8-5）。

那就是在沟通能力上具有优势的“建立关系”类型和在给客户的提案上投入精力的“提案”类型。

“建立关系”类型可进一步分为两种类型。

一种是专注于关键人物，拿下高层人物的“自上而下型”，另一种是在客户的组织中，踏踏实实地与各种各样的人接触，很好地填补了外部空缺的“建立人脉型”。

自上而下型的销售员大多数认为，“不和决策者见面就没有意义”，另外，实际上只要与组织高层的关键人物建立了密切的关系，就能做到自上而下的销售。这里我们可以发现，它与渠道型里“掌握客户型”的高水平销售有很多共通点。

建立人脉型的销售员采用的方法就是掌控组织内的人际关系，一边与多家客

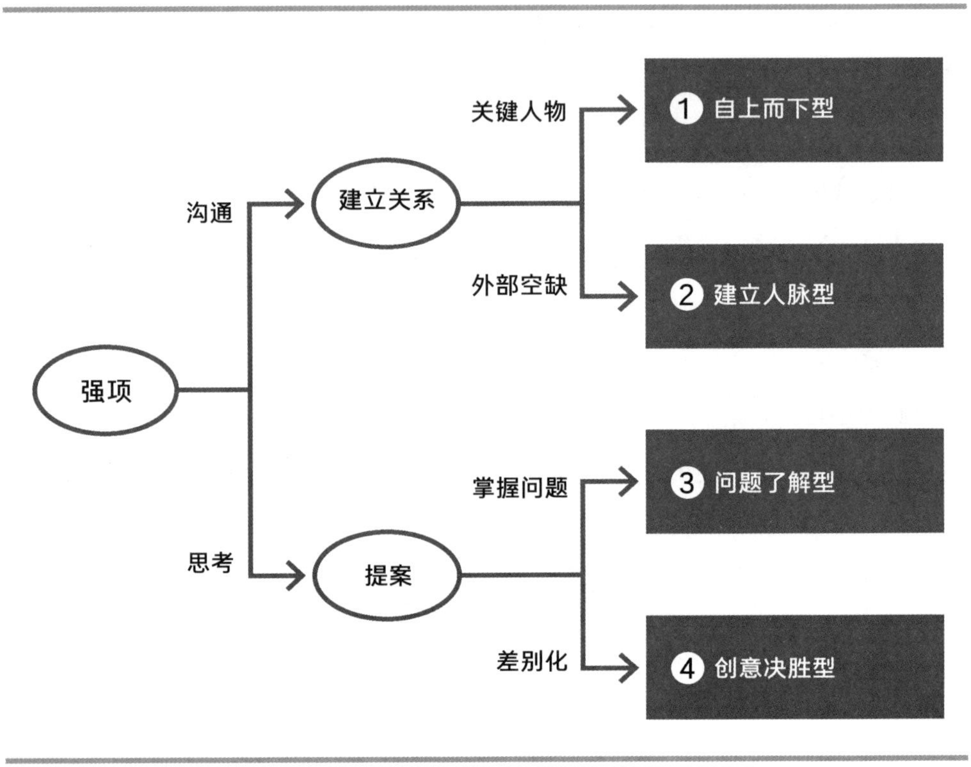

【图8-5】账户型的高水平销售

户见面，一边慢慢地填补外部空缺。这种类型的销售员，很了解客户的公司内部情况，有时还会被问到诸如“虽然不太适合与公司外的人商量这个……”，就连公司内部的问题也会和销售员商讨。

“提案”类型也可进一步分为两种。

一种是仔细掌握客户的问题，通过了解客户来成交订单的“问题了解型”，另一种是有独特的想法，在与对手的企划竞争中寻求差异化的“创意决胜型”。

问题了解型的销售员，为解决问题能够准确地发出提问并整理客户需求，这是将自己作为了取胜的武器。从某种意义上来说，这种类型在“组织内是可复制可增加的”。特别是，如果公司内部有很多性格坦率的人，你就会找到很多这种类型的高水平销售员。

创意决胜型的销售员，对社会上流行的各方面信息敏感度很高，并且具有独特有趣的想法，他们给出的商务提案能够牢牢地抓住客户。

曾和我一同进修并且有着多年交情的N先生，提案书的构思总是与众不同，客户们都很欣赏它的独特性。我也曾看过N先生的提案书，确实令人叹为观止。一般的提案书都会在资料的左上角或是右上角放置公司logo，但N先生的提案书却是拿自己的照片当作图标，代替了公司logo。虽然可以认为这是“以个人定胜负”的决心表现，但实际上能真正运用到正式的提案书当中，不得不说是相当有勇气的人。

像这样，将渠道型、账户型细分为4个类型，如果能确认作为销售员，自己的长处与哪种类型相契合，这将非常有助于自己成为高水平销售员。

每个公司都会有传说般的销售员。于是，在销售部，经常会出现一些声音，“成为XX那样的人吧”“不，我没法变得像他那样”，等等，很多时候，我们对高水平销售员的想象被固定到了特定的人身上。

这样一来，通往高水平销售的道路就变窄了。

因此，与其将类型不同的高水平销售员作为榜样，不如以能够发挥自己强项的高水平销售为目标，这样的话，成长速度也会提高。

选择正确运转模式，促进良性循环

“四种能力”中，每一种能力的重点，会根据渠道型与账户型的不同而不同。这一点在上文中已经提到过了。

其实，各种能力的关联方式，换句话说，“四种能力”的运转模式，根据渠道型或账户型的不同，也会有微妙的差异。

值得一提的是，无论是渠道型还是账户型，提问力、价值诉求力都很重要，这一点是不会改变的。

从客户那儿获得信息的提问力，以及向客户展示自己能够实现价值的价值诉求力，通过这两种功能的相互作用，既可以从客户那里获取信息，同时通过明确自己所能提供的价值要点，提案的质量也会提高。这样一来，便开启了“帮助客户，获取更多信息”的循环。

无论是渠道型还是账户型，这种运转方式能促使销售产生良性循环。

然而，接下来将要讨论的是，为获取持续胜利所做的活动，根据渠道型或账户型的不同，会产生很大的差异。

首先，我们来说一下渠道型。需要指出的是，文章中出现的编号①、②、③与下图（图8-6）的编号①、②、③相对应。

渠道型方面，只要灵活运用提问力和价值诉求力（①），与客户开始“您好，请问您最近有什么感到为难的事吗”这样简单的对话，就能得到对客户有用的信息。

如果想略过①的环节直接进入更多访问，因没有与客户建立关系，这些访问就只会是一种艰辛的新开拓。但是，如果能够灵活运用①，一旦与客户的关系加深，销售起来也会变得有趣。

同时，如何有效地进行这些活动，提案行动力也很重要（②）。由于有大量的名单，如果对名单的使用方式不恰当，就无法联系到很多客户。对于渠道型来说，“能够以多大的效率来推进过程”变得越来越重要。

一旦提案的机会（③）来了，并且已经准备就绪，以“客户会采用这样的提案吗”作为逻辑点，并以此状态进行整理，订单成交率将会提高。

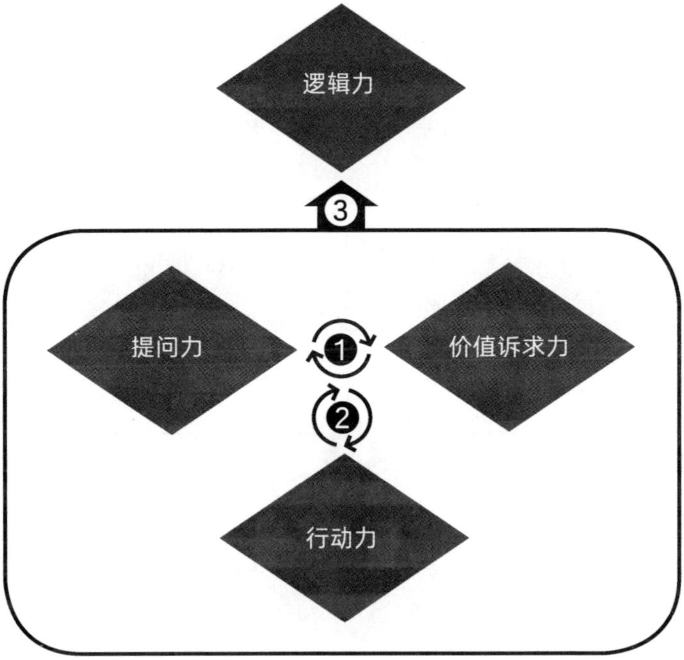

【图8-6】“渠道型”的技能结构

渠道型方面，以“四种能力”图表下方的“提问力”“价值诉求力”“行动力”这三种能力为中心进行销售活动的话，那么这三种能力同时也会对“逻辑力”起作用。

“以某种程度的行动力为基础”，这是渠道型的世界观。

接下来，我们来介绍一下账户型。同样，文章中的编号①、②、③与下图（图8-7）的编号①、②、③相对应。

账户型方面，“理论性”比“行动”更为重要。虽然在不断运用提问力和价值诉求力（①）方面与渠道型是一样的，但是账户型的销售所访问的公司数量并不

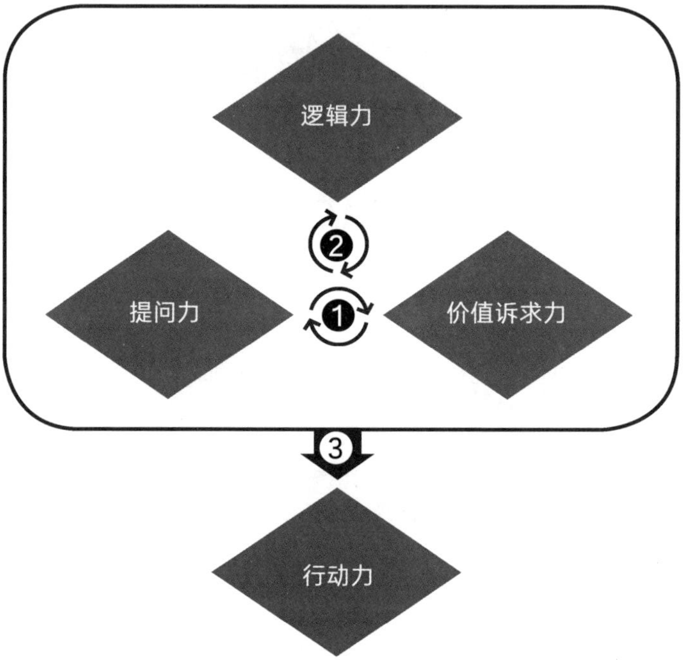

【图8-7】“账户型”的技能结构

是很多。

因此，要在“信息战”中灵活并交互运用对客户的提问和价值诉求（①），在倾听的过程中找出“胜利的门道”，例如“对于客户的困难，如果这样做能帮助到客户的话，客户应该会向本公司下订单”。这里说的“信息战”是账户型的特点，这需要我们增加提问和价值诉求的交互练习，并能够在以后的提案逻辑中灵活运用（②）。

账户型方面，“四种能力”图表上方的“提问力”“价值诉求力”“逻辑力”，以这三种能力为中心，通过“行动力”（③）表现出活动的效率。

对于账户型销售而言，为了靠近有限数量的公司，如何细致地描绘逻辑和故事，战略性地给出提案非常重要。

在客户数量一定的情况下，为了提高订单成交率、单价和客户份额，我们就要了解自己可以获取多少信息，其中会产生多少说服力，自己能否拿到订单，这些才是决定因素。

像这样，运用“四种能力”进行销售活动的时候，会出现“渠道型倾向于行动”“账户型倾向于逻辑”这样的情况。

当然，即便是渠道型销售，提案逻辑也很重要，相对应的，账户型也需要一定程度的行动数量。

我想在这里告诉大家的是，在渠道型和账户型两种销售模式中，持续取胜所需的“逻辑”和“行动”的比重会产生变化。可以肯定的是，基础依旧是在本书中反复提到的“四种能力”。

第8章总结

- ☑ 按销售员负责的名单数量将销售模式分为两类，一类是在大量名单中反复访问的“渠道型销售”，另一类是名单数量有限，专注于每一家公司的“账户型销售”。
- ☑ 在渠道型销售中，销售员通常会根据大量的客户名单进行销售，重要的是“能否增加与客户的接触，能否适时与客户见面沟通”。就四种能力而言，销售活动以“提问力”“价值诉求力”“行动力”为中心，并有助于“逻辑力”。

- ☑ 账户型销售通常会被问到“在拥有高额预算的客户公司中，能在多大程度上提高自己公司所占的份额”，因此，“能否深入、广泛地收集与客户决策相关的内部信息，产生压倒性的说服力”这一点是胜负的关键。以“提问力”“价值诉求力”“逻辑力”这三种能力为中心，销售活动的效率表现为“行动力”。
- ☑ 渠道型销售与账户型销售各有不同的分类。渠道型的高水平销售可以细分为“件数（时间）确保型”“高品质常规型”“掌握客户型”“研究改善型”。账户型的高水平销售可以细分为“自上而下型”“建立人脉型”“问题了解型”“创意决胜型”。

后　记

本来我是为了克服社交恐惧症才尝试销售的工作，期间我体验到了在工作中积累经验和自我改进的重要性。现在的我仍然极度怕生，但因销售这份工作，让我对社交的恐惧降到了最低。

大学毕业后我在咨询公司学习到全面思考的严谨性。曾经，我的脑海里一整天都闪现着“结构化”这个词。我从高水平销售公司和销售员身上学习到很多可复制的能力。

在25岁开启创业之旅的初期，没有业绩没有商品，必须从零开始开发客户，一天要打100通电话。在那个没有智能手机和SNS的时代，独自创业，虽说很辛苦，但在这场艰苦的战斗中，我运用到了学生时代兼职和刚工作时学到的经验。

我不断研究着客户与原本名不见经传的公司达成合作的案例，终于获得了部分上市公司的青睐。

作为alue股份有限公司的合伙人，创业后不久，我便一鼓作气投入新客户的开发。随着公司规模的扩大，作为副董事长，我监管整个公司的同时也负责培训公司没有经验的销售员。担任董事的6年期间，我创建了一套整体的销售框架（四种能力和三个问题），有了它，即使不去现场，也能提升业绩。

在我卸任董事之后的几年公司成长很快，并最终上市。前几天我向社长发电祝贺时，听说现在公司还一直留存着“高桥语录”，心里甚是喜悦。

从孩童时期的极度怕生，到现在做到销售王者，不仅解决了困扰我10多年的社交恐惧问题，也改变了我的人生观，大大拓宽了我的人生道路。

如今，世间传闻“随着AI的普及，销售这项工作会消失”，而且现在很多年轻人都不想做销售员。我认为这里面有很大的误解，销售这个职业可能会随着AI的普及而减少。但是，今后在这个“个性化风潮”逐渐变强的时代，社会对人们的销售能力的要求反而提高了。

团体庇佑个人的时代终将结束，当人们的生存能力成为问题时，个人的销售能力将成为强大的武器。即使不擅长销售的人，只要按照本书中健全的体系和思维模式来实践，能力就会得到大幅度提升。

我写这本书的目的只有一个，就是希望通过阅读本书，让尽可能多的人提高销售能力，体验被客户青睐的喜悦，增加人生的更多可能性。

在整理成书的过程中，我得到了很多人的支持。不管是以前的同事，商业伙伴，还是支持我的客户，在此我向你们表达深深的谢意。

首先要感谢一直在我身边支持我的妻子。在我每日辛苦工作的背后，是她给了我勇气，让我精力充沛。正因为我最重要的家人在身边，才成就了我，谢谢你。

感谢TORIX股份有限公司的员工以及我的每位商业伙伴，因为你们的全力投入，公司才有了如此优秀的客户和现在的成绩。

以札幌啤酒股份有限公司、dip股份有限公司为首的客户，还有很多其他企业，大家一起为创造更美好的未来而认真拼搏，在此由衷感谢你们。

撰写原稿时，我得到西川雄介先生的支持，使得文章在网上连载，感谢细江启太先生帮忙筹划研讨会，以及由伊藤丰社长率领的slogan股份有限公司的每位员工对我公司的莫大帮助。

感谢赤司真希子小姐、山田晃义先生对本书的内容提出很多宝贵的建议；感谢石塚健一郎先生、草野文彰先生为我提供商务课程的学习机会，在“THE销售力”板块，得到酒井耕一先生、户田顕司先生的支持，最终实现了日经商务线上（现日经商务电子版）连载；感谢谷口徹先生对整个编撰过程的支持，SAMIYA的佐保圭先生对原稿内容的整理；还有很多这里没有写到名字的朋友们，在内容的企划等方面给予我很多帮助，感谢你们。

最后向最亲爱的读者朋友们表示感谢，希望这本书能够成为你们改变人生的契机。